标准教程
STANDARD COURSE

HSK

主编： 姜丽萍
LEAD AUTHOR: Jiang Liping

编者： 李琳、于淼
AUTHORS: Li Lin, Yu Miao

3

教师用书 Teacher's Book

北京语言大学出版社
BEIJING LANGUAGE AND CULTURE UNIVERSITY PRESS

致教师

为了配合《HSK 标准教程 3》的出版和发行，也为了方便广大教师对该教程的教学目标、教学重点、教学步骤和方法等内容有更全面的了解，我们特别精心编制了《HSK 标准教程 3 教师用书》。希望能够减轻教师的工作压力，为课堂教学提供参考。

全书共 20 课。我们按照《HSK 标准教程 3》课本及练习册的内容来设计每课的教学环节及授课方法，突出重点和难点，提供丰富的教学例句和课堂活动，便于教师把握课堂。

一、教学内容和教学目标

从重点词语、语言点、汉字、功能几个方面，展现本课中词汇、语法、汉字的重点内容，一目了然，使教师能够做到心中有数。

二、教学步骤

（一）复习旧课（10 分钟）

复习环节是对前一课教学内容和教学效果的检查，根据反馈的信息，教师可以了解学生对前一课教学内容的掌握情况。因此在上新课前，我们设计了多样的练习形式。如：

1. 快速认读生词

教师可以根据课堂时间和学生的掌握情况，展示前一课的热身图片，请学生迅速说出生词；或选择前一课所学的重点生词进行认读练习。在熟练认读的基础上，可以把字扩展成词，把词扩展成短语。

2. 快速回答问题

通过这个练习，教师可以对学生前一课所学内容的掌握情况进行检查。问题的设计应该结合课文内容和语言点，既要有层次性，又要有趣味性，同时要注意结合学生的实际情况。

（二）学习新课

1. 热身（5 分钟）

热身环节主要是围绕课文中的热身部分设计的。不仅可以导入新课的生词，也可以导入新课的话题或语言点，活跃课堂气氛，增加学生学习的兴趣。教师也可以根据实际情况，补充其他形式的热身练习。

2. 生词（20 分钟）

此环节包括"生词快速认读及正音""生词讲解方式"和"重点生词扩展及常用搭配"三个部分。其中生词快速认读部分可以采用教师领读、学生跟读、学生齐读、学生个别读等不同方式，目的是加深学生对生词的印象，熟练掌握本课生词的字形、语音、语义。

生词讲解时教师可以采用多种方式，我们根据每课生词的具体情况进行了提示，如：直观法、利用肢体动作展示、对比法、启发式引导等。

重点生词扩展要尽量使用丰富的词汇，但要注意避免出现学生不认识的词汇，同时要围绕课文内容并尽量充分地体现语言点。

3. 语言点（30分钟）

语言点环节包括解析、导入、操练、扩展练习几个部分。其中大部分的语言点都使用了构架形式，简洁明了。同时对一些需要提醒学生的要点还进行了归纳，以"注意"的形式呈现，突出了提示的作用。

4. 课文（40分钟）

课文的学习和操练是课堂教学环节中非常重要的部分。多种多样的学习和练习方式不仅可以提高学生的学习效率，还可以增强趣味性。本书提供了多种课文练习形式，供教师参考。

5. 汉字（10分钟）

这一部分包括汉字知识、旧字新词和汉字辨认练习。汉字知识介绍了指事字、会意字、形声字等知识。旧字新词挑选出每课中出现的常用语素，构成新词，并让学生根据语素义判断词义。汉字辨认练习选择本课出现的形近字，让学生辨认并组词。

6. 课堂活动（20分钟）

汉语教学的重要目的是培养学生运用汉语进行交际的能力。让学生积极参与课堂中的活动，可以使学生体验到真实的交际情景，为课下进行真实的交际提供可能。教师用书中，我们为每课另增设了一个补充活动，将本课的生词、语言点、课文内容融入到活动中。让学生在参与、合作、交际中巩固所学知识，提高自己的交际能力。

7. 俗语（10分钟）

俗语是本册教材不同于一二册的特点之一。根据每课生词（语素）或已学内容，结合HSK三级真题，提供一个俗语，增加学生的文化知识。

8. 本课小结（5分钟）

总结每课中出现的语言点和汉字知识。

另外，每五课还对课本中提供的文化知识进行了解析，为的是加强学生对中国文化的了解，引起学生的学习兴趣，促进语言学习。建议教师结合文化知识的内容，通过大量的图片和影视作品，引入一些对中国文化的探讨和交流活动。

以上是对《HSK标准教程3 教师用书》使用方法的一些说明和建议，仅供参考。大体上每课的教学时间为3-4学时（即100-150分钟）为宜，在实际教学活动中教师可以随时调整、灵活使用，如果需要在课堂上处理练习，教学时间可相应延长。

编 者

目 录

1　周末你有什么打算 …………………………………… 1
2　他什么时候回来 ……………………………………… 8
3　桌子上放着很多饮料 ………………………………… 16
4　她总是笑着跟客人说话 ……………………………… 23
5　我最近越来越胖了 …………………………………… 29
6　怎么突然找不到了 …………………………………… 36
7　我跟她都认识五年了 ………………………………… 43
8　你去哪儿我就去哪儿 ………………………………… 50
9　她的汉语说得跟中国人一样好 ……………………… 57
10　数学比历史难多了 …………………………………… 64
11　别忘了把空调关了 …………………………………… 71
12　把重要的东西放在我这儿吧 ………………………… 77
13　我是走回来的 ………………………………………… 83
14　你把水果拿过来 ……………………………………… 90
15　其他都没什么问题 …………………………………… 96
16　我现在累得下了班就想睡觉 ………………………… 103
17　谁都有办法看好你的"病" …………………………… 110
18　我相信他们会同意的 ………………………………… 117
19　你没看出来吗 ………………………………………… 123
20　我被他影响了 ………………………………………… 130
练习册听力文本及参考答案 ……………………………………… 136

1 周末你有什么打算

一、教学内容和教学目标

重点词语	学生能够熟练掌握： "打算、跟、一直、着急、带、搬"的词义和用法
语言点	学生能够了解并掌握： （1）结果补语"好" （2）"一……也/都＋不/没……"表示否定 （3）连词"那"表示顺接
汉字	学生能够： （1）了解指事字的造字方法 （2）根据已学生词猜测出3个旧字新词"游客、外地、北门"的意思
功能	学生能够： （1）用"好"表达令人满意的结果 （2）强调否定的语气

二、教学步骤

一 复习旧课

（本课无）

二 学习新课

1 热身

学生两人一组，合作完成热身1和2；教师出示热身的图片，让学生根据图片说出词语，核对答案；最后全体学生齐读热身环节所有词语，要求语音标准，声调准确。

答案：1.①F ②E ③D ④B ⑤A ⑥C
2.①C ②A ③D ④B

2 生词

（1）生词快速认读及正音

周末、打算、啊、跟、一直、游戏、作业、着急、复习、南方、北方、面包、带、地图、搬、小丽、小刚

- 教师先带领学生快速认读一遍生词；
- 取消拼音，带领学生再次认读；
- 请单个学生独自认读2-3个生词；
- 最后全班一起快速认读所有的生词。

> 注意：
> 　　生词认读过程中，教师始终要注意纠正学生的错误发音，学生齐读时要注意纠正学生共性的发音错误，个别认读时要注意纠正学生的个别发音错误。（后课同）

（2）生词讲解方式
- 直观法（如图片、照片、实物等）展示：游戏、作业、面包、地图
- 利用已知信息带出新词：星期六、星期日—周末、回家再看看今天学习了什么—复习
- 肢体动作展示：带、搬
- 对比法展示：南方—北方

（3）重点生词扩展及常用搭配

打算—打算看电影—打算在家看书—不打算工作—不打算搬家
　　—周末的打算—今晚你有什么打算？
跟—跟朋友去吃饭—跟我去商店—中午你跟谁一起吃饭？—我不跟你去。
一直—一直学习—一直玩儿游戏—昨天下午我一直在家看书。
着急—很着急—不着急—别着急—着急回家—让家人着急
带—带书—带钱—坐飞机不能带什么东西？
　　—多带—少带—多带一点儿钱—少带一点儿东西
　　—没带—我没带手机。
搬—搬桌子—搬椅子—搬家—我下个星期搬家。

练习册相关练习：第1页/一/第一部分，第4页/二/第二部分

3 语言点

（1）结果补语"好"

① 语言点解析

　　结果补语"好"用在动词的后边，表示动作完成，并让人满意。"我吃完了"只表示动作完成；"我吃好了"表示不但"吃完了"，而且"吃得很满意"。否定形式是在动词前加"没（有）"。

动词 + 好

没（有）+ 动词 + 好

② 语言点导入

教师可利用本课热身2图②导入语言点。

教师：她在做什么？

学生：她在写作业。

教师：她写好了吗？

教师引导学生说出：她还没写好／她写好了。

③ 语言点操练

教师带领学生一起回忆学过的可以与"好"搭配的动词，并据此操练语言点。如：写好、吃好、做好、准备好、复习好、买好等。

教师：昨天你到家的时候，妈妈做好饭了吗？

学　生：昨天我到家的时候，妈妈做好饭了。

其他目标句：我准备好明天的考试了。

　　　　　　昨天学的字我还没复习好。

　　　　　　我已经买好早饭了。

④ 语言点扩展练习

教师根据实际情况提问，请学生回答。

吃完饭，你会说什么？

周末你要做什么？想好了吗？

下个月，我想去北京，我要买什么？准备什么？

（2）"一……也／都＋不／没……"表示否定

① 语言点解析

> 一＋量词＋名词＋也／都＋不／没＋动词

这个结构表示完全否定。有时候，"一＋量词"还可以用"一点儿"来表示。当谓语是形容词时，通常用"一点儿也／都＋不＋形容词"表示完全否定。

② 语言点导入

教师可就地取材，利用周围环境导入。

教师请学生看门外：

教师：外边有人吗？

学生：外边没有人。

教师引导学生说出：外边一个人也没有。

教师让学生看装满水的水杯：

教师：老师喝水了吗？

学生：老师没喝水。

教师引导学生说出：老师一点儿水都没喝。

教师请学生看一级教材：

教师：这本书难吗？

学生：这本书一点儿也不难。

③ 语言点操练

教师可利用本课热身1的图片B、D，热身2的图片③进行操练。

目标句：他一个面包也没吃。

他一点儿作业也没写。/ 他一个字也没写。

他很忙，一点儿时间也没有。

④ 语言点扩展练习

教师可根据实际情况提问，请学生回答。

今天热不热？冷不冷？

昨天的作业多吗？

你去过中国吗？

（3）连词"那"

① 语言点解析

"那"放在句首，表示依据上文的意思得出的结果或做出的判断。

② 语言点导入

教师可给出情境，引导学生说出语言点。

教师：周末老师不想看书，不想运动，还可以做什么？

学生：还可以看电影。

教师引导学生说出：那你看电影吧。

教师：上课的时候，可以走吗？

学生：不行。

教师：今天的课我都会了，可以走吗？

学生：那也不行。/ 那也不能走。

③ 语言点操练

教师给出前半句，学生完成后半句。

我不想喝咖啡，_____。

我不喜欢在公司工作，_____。

④ 语言点扩展练习

教师请学生扮演严厉的妈妈，教师提问，请学生回答。

妈妈，今天的作业我都做完了，可以玩儿吗？

我都复习好了，可以看电视吗？

明天我不想去上课了，行吗？

我头疼，不去学校了，行吗？

注意：

"那"一般用于口语。

4 课文

课文1

（1）让学生听两遍录音并回答下列问题：

周末男的（小刚）有什么打算？——他请小丽吃饭、看电影、喝咖啡。

小刚准备好了吗？——准备好了。他找好饭馆了，也买好电影票了。

女的（小丽）打算跟小刚一起去吗？——她还没想好要不要跟小刚一起去。

（2）教师领读课文两遍，然后让学生分角色朗读课文。

（3）模仿练习

教师组织学生两人一组，根据提示模仿课文内容进行对话练习。

A：……你有什么打算？

B：我早就……了，请你……。

A：请我？

B：是啊，我已经……。

A：我还没……。

课文2

（1）让学生听两遍录音并回答下列问题：

儿子在做什么？他写完作业了吗？——儿子一直在玩儿电脑游戏。他写完作业了。

明天有什么事？儿子着急吗？——明天有考试，儿子一点儿也不着急。

儿子为什么不着急？——因为他早就复习好了。

妈妈让儿子玩儿电脑游戏吗？——妈妈不让他玩儿。

（2）教师领读课文两遍，然后让学生分角色朗读课文，注意说话人的语气。

（3）教师给出提示词，带领学生复述课文。

提示词：一直、写完、考试、一点儿也不、好、那

课文3

（1）让学生听两遍录音并回答下列问题：

女的（小丽）下个月有什么打算？——下个月小丽要去旅游。

男的（小刚）打算跟小丽一起去吗？——他还没想好呢。

小丽觉得哪儿最好玩儿？她是什么时候去的？——她觉得南方最好玩儿。去年这个时候她去过。

小刚觉得哪儿好玩儿？为什么？——他觉得北方好一些，不冷也不热，南方太热了。

（2）教师领读课文两遍，然后让学生分角色朗读课文。

（3）模仿练习

教师组织学生两人一组，根据提示模仿课文内容进行对话练习。

A：……我……，你……？

　　　　B：我还没……呢。你觉得……？
　　　　A：……。
　　　　B：……太……了，……好一些，……。

课文4

（1）让学生听两遍录音并回答下列问题：

　　男的（小刚）准备了什么？——他准备好了水果、面包、茶。
　　女的（小丽）还打算带什么？——她还要带手机、电脑、地图。
　　这些东西小刚是什么时候准备的？——这些东西小刚昨天下午就准备好了。
　　小刚为什么不让小丽再多带衣服？——因为他们是去旅游，不是搬家，要少带一些。

（2）教师领读课文两遍，然后让学生分角色朗读课文，注意说话人的语气。

（3）教师给出提示词，带领学生复述课文。

　　提示词：准备好、带、一……也不……、多带、旅游、搬家、少带

练习册相关练习：第7页／四

5 汉字

指事字：

① 知识点解析：

古代中国人创造汉字的时候，有一些抽象的事物不能用具体的形象画出来，所以就用抽象的符号表示。

提示：教师可以逐一展示图片，请学生猜一猜图片的含义，表示什么。

　　一、二、三：古代人计数的方法。
　　上、下：横线代表地平线，上面一点表示上方，下面一点表示下方。
　　本、末："木"是树的意思，树下方有一横线，表示树根；树上方有一横线，表示树梢。

② 汉字练习

请学生用本课所学指事字组词。

参考答案：

一：一个、一年
二：星期二、十二
三：三本书、二十三
上：上午、上课
下：下边、下课
本：一本书
末：周末、月末

旧字新词：

① 教师领读以前学过的词语和新词，让学生猜猜新词的意思。
- 领读：旅游、客人、游客
  问学生："游客"是什么意思？——旅游的人。
- 领读：外边、地方、外地
  问学生：什么地方是"外地"？（请学生根据实际情况举例说明）
- 领读：北方、门、北门
  问学生："北门"是什么意思？——北边的门。
  扩展提问：还有什么门？——东门、西门、南门、北门。（根据实际情况选用）

② 教师领读新词扩展，通过情景，理解新词的意思和用法：
游客：游客很多／北京的游客／什么地方有很多游客？
外地：去外地／在外地／你去过外地吗？
北门：学校北门／书店北门／我们学校有北门吗？

汉字辨认练习：

辨认下列汉字并组词。

$\begin{cases} 很：_____、_____ \\ 跟：_____、_____ \end{cases}$ $\begin{cases} 同：_____、_____ \\ 周：_____、_____ \end{cases}$

$\begin{cases} 常：_____、_____ \\ 带：_____、_____ \end{cases}$ $\begin{cases} 真：_____、_____ \\ 直：_____、_____ \end{cases}$

$\begin{cases} 作：_____、_____ \\ 昨：_____、_____ \end{cases}$

练习册相关练习：第 7 页／三／第三部分

[6] **补充课堂活动——我来做，你来猜**

A、B 两个同学一组到教室前边完成，教师给 A 同学和其他同学出示词语卡片，B 同学不能看。A 同学要用动作表演出卡片上词语的内容，B 同学根据 A 同学的表演猜出这个词语是什么，并用这个词语说一个句子。

参考词语：搬、带、着急、玩儿游戏、写作业、吃面包

[7] **俗语**

教师引导学生理解俗语的含义，注意这里的"长城"并不一定指长城，可以是一个地方，或者一个目标。
扩展：请学生介绍他们国家类似的俗语（根据实际情况选用，后课同）。

[8] **本课小结**
- 语言点：用"好"表示完成、满意的结果
  用"一……也／都＋不／没……"表示完全否定
  用"那"表示顺接
- 汉　字：指事字
  旧字新词：游客、外地、北门

2 他什么时候回来

一、教学内容和教学目标

重点词语	学生能够熟练掌握： "腿、疼、容易、辆、楼、拿、把、胖、其实、瘦"的词义和用法
语言点	学生能够了解并掌握： （1）简单趋向补语"动词＋来/去" （2）"动词$_1$＋了……就＋动词$_2$……"表示两个动作连续发生 （3）反问句"能……吗"
汉字	学生能够： 根据已学生词猜测出3个旧字新词"办公楼、外出、午觉"的意思
功能	学生能够： （1）听懂简单趋向补语的指令、做出正确的动作，并描述动作的趋向 （2）表达连续发生的动作 （3）听懂并能表达反问语气

二、教学步骤

一 复习旧课

1 教师出示第1课的热身图片，请学生根据图片说出生词。

2 教师根据第1课的内容进行提问。

（1）昨天我们学什么了？难吗？
（2）昨天的作业怎么样？你是几点写完的？
（3）你写完作业累不累？现在呢？
（4）周末你有什么打算？
（5）你想好去哪儿旅游了吗？

二 学习新课

1 热身

热身1：学生两人一组，合作完成热身1；教师出示热身1的图片，分别请几个学生根据图片说出词语，核对答案；最后全体学生齐读热身环节所有词语，要求语音标准，声调准确。

热身2：可留至语言点（2）"两个动作连续发生"导入时使用。

答案：① F　② C　③ D　④ A　⑤ E　⑥ B

2 生词

（1）生词快速认读及正音

腿、疼、脚、树、容易、难、太太、秘书、经理、办公室、辆、楼、拿、把、伞、胖、其实、瘦、周、周明

- 教师先带领学生快速认读一遍生词；
- 取消拼音，带领学生再次认读；
- 请单个学生独自认读2-3个生词；
- 最后全班一起快速认读所有的生词。

（2）生词讲解方式

- 直观法（如图片、照片、实物等）展示：树、经理、办公室、楼、伞
- 利用肢体展示：腿、脚
- 对比法展示：胖—瘦、容易—难
- 启发式引导：其实
- 教师给出句子部分内容，让学生进行补充，如：他说他一直在学习，其实他一直在玩儿电子游戏。

（3）重点生词扩展及常用搭配

腿——左腿——右腿

疼——你哪儿疼？
　　——头疼——眼睛疼——我现在腿疼，脚也疼。

容易——难
　　——做什么很容易？——学汉语很容易。——写汉字很难。——上山容易下山难。

辆——一辆车——几辆公共汽车——叫辆出租车

楼——大楼——1号楼
　　——楼上——楼下
　　——上楼——下楼

拿——拿什么？
　　——拿书——拿钱——我去拿把伞。

把——一把伞——一把椅子

胖—瘦
　　——他很胖——我很瘦
　　——这件衣服有点儿瘦。

其实——这家饭店中午和晚上经常有很多人，但我觉得其实菜一点儿也不好吃。
　　——他这么做你可能不高兴，但其实是为你好。

练习册相关练习：第8页/一/第一部分，第11页/二/第二部分

3 语言点

（1）简单趋向补语

① 语言点解析

汉语中用"来/去"加在动词后表示动作的方向，"来"表示朝着说话人的方向，"去"表示背离说话人的方向。如果宾语是地点名词，要放在"来/去"的前边；如果宾语是事物名词，可以放在"来/去"的前边，也可以放在"来/去"的后边。

```
    （地点名词）
     ↓
动词 + 来/去
     ↑
    （事物名词）
```

最常用的动词有"上、下、进、出、回、过、起"，我们学过的动词还有"买、带、搬"等。

② 语言点导入

教师可就地取材，根据教室内外场景，做动作导入语言点。

教师往教室门外走

教师：老师现在在做什么？

学生：老师出去了。

教师从教室门外进来

教师：老师现在在做什么？

学生：老师进来了。

教师从教室门外进来

教师：老师现在在做什么？

学生：老师进来了。

教师：老师现在在哪儿？

学生：老师在教室里。

教师：老师进教室来了。

教师手里拿着汉语书

教师：老师带汉语书了吗？

学生：老师带书了。

教师：带来还是带去？

学生：老师带来汉语书了。/老师带汉语书来了。

③ 语言点操练

教师就地取材，如：

利用门练习：进来、进去、出来、出去

利用学生座位练习：过来、过去、回来、回去、起来

利用楼梯或黑板作图练习：上来、上去、下来、下去

利用书本、桌椅、作业本等练习：带来、带去、搬来、搬去

④ 语言点扩展练习

教师可根据学生实际情况进行问答练习。如：

今天你带钱来了吗？

去朋友家玩儿，你带什么去？

你让妈妈今晚给你买什么来？

> 注意：
> 　　不能说"起去"。

（2）两个动作连续发生

① 语言点解析

汉语中可以用"动词$_1$ + 了……就 + 动词$_2$……"表示两个动作连续发生，后边的动作紧接着前边的动作。

② 语言点导入

教师可利用本课热身2的表格导入语言点。

教师带领学生认读表格中的动词。

教师示范：

教师：吃完饭，你做什么？

学生：吃完饭，我去上课。

教师请学生与同桌合作，互相询问，共同完成表格。

教师请学生回答自己（或同桌）的情况。

教师利用学生的回答，导入本课句型：吃了饭，我就去上课。

③ 语言点操练

教师给出两个动词，请学生完成句子。

例如：拿书、下楼 —— 我拿了书就下楼。

　　　吃晚饭、看电影

　　　喝牛奶、睡觉

　　　到办公室、开电脑

> 注意：
> 　　如果句子中有两个主语，那么第二个主语要放在"就"前边。例如：她吃完晚饭，我们就回家。

（3）反问的表达：能……吗?

① 语言点解析

"能……吗？"是一个反问句，不表示疑问，而是用疑问的形式表示相反的意思。"能……吗"中间如果是肯定形式表达的就是否定的意思，如果是否定形式表达的就是肯定的意思。

② 语言点导入

教师给出情景，引导学生说出反问句。

教师给情景：你有很多作业，这时，朋友请你出去玩儿，你能去玩儿吗？

学生回答：不能。

教师示范答句：我有那么多作业，能出去玩儿吗？

③ 语言点操练

教师给出情景，引导学生用"能……吗"回答。

你每天从早到晚工作，朋友问："你怎么这么累？"——

你考试考得不好，朋友问："你为什么不高兴？"——

你考试考得很好，朋友问："你为什么这么高兴？"——

冬天，小方只穿了一件衣服，你问他："小方你不冷吗？"——

④ 语言点扩展练习

教师给出一个情景，请学生扮演老师，用"能……吗？"回答问题。

情景：张明经常不来上课，上课睡觉，不写作业……

张明：老师，我为什么考试考得不好？

老师：你经常不来上课，……

张明：老师，我汉字为什么写得不好？

老师：……

张明：老师，我汉语为什么说得不好？

老师：……

> 注意：
> "能……吗？"中"能"应该重读。

4 课文

课文 1

（1）让学生听两遍录音并回答下列问题：

他们在哪儿？上山还是下山？——他们在下山的路上。

女的（小丽）怎么了？——她腿疼，脚也疼。

他们要做什么？——他们要过去坐一下。

（2）教师领读课文两遍，然后让学生分角色朗读课文，注意说话人的语气。

（3）教师给出提示词，带领学生复述课文。

提示词：休息、怎么、疼、过去、累、容易、难

课文 2

（1）让学生听两遍录音并回答下列问题：

周明在办公室吗？——周明不在办公室。

他去哪儿了？——他出去办事了。

他什么时候回来？——他下午回来。

（2）教师领读课文两遍，然后让学生分角色朗读课文。

（3）模仿练习

教师组织学生两人一组，根据提示模仿课文内容进行对话练习。

A：喂，你好，请问……在吗？

B：……，不在……。

A：他去哪儿了？……回来？

B：他……了，……回来。

A：回来了就……。

B：好的，他……了……我就……。

课文 3

（1）让学生听两遍录音并回答下列问题：

现在天气怎么样？——现在雨下得很大。

女的（小丽）打算怎么回去？——她打算坐出租车回去。

小丽带伞了吗？——她没带伞。

男的（小刚）要做什么？——他要上楼去给小丽拿把伞。

（2）教师领读课文两遍，然后让学生分角色朗读课文。

（3）模仿练习

教师组织学生两人一组，根据提示模仿课文内容进行对话练习。

A：……下得真大。你怎么……？我送你吧。

B：没事，我……就行了。

A：那你……，我……。

B：好的。我……。

A：你在这儿……，我……。

课文 4

（1）让学生听两遍录音并回答下列问题：

女的（周太太）为什么这么胖？——她每天晚上吃了饭就睡觉，也不出去走走。

周太太运动吗？——她说她运动，因为她觉得做饭就是运动。

（2）教师领读课文两遍，然后让学生分角色朗读课文，注意说话人的语气。

（3）教师给出提示词，带领学生复述课文。

提示词：胖、吃饭、睡觉、出去、能……吗、其实、一点儿也没

练习册相关练习：第 14 页 / 四

5 汉字

旧字新词：

① 教师领读以前学过的词语和新词，让学生猜猜新词的意思。

- 领读：办公室、大楼、办公楼
  问学生："办公楼"是什么地方？——办公、工作的楼。
  讲解"室"和"楼"的区别："室"是房间、屋子的意思，"楼"里有很多房间。
  扩展提问：还有什么"室"？——教室、休息室。
  还有什么"楼"？——教学楼。（根据实际情况选用）

- 领读：外边、出去、外出
  问学生："外出"是什么意思？——出去到外边。
  讲解"出去"和"外出"的区别："出去"一般指去近的地方，"外出"一般指去远的地方。

- 领读：中午、睡觉、午觉
  问学生："午觉"是什么意思？——中午时睡的觉。
  注意："午觉"是一个名词。

② 教师领读新词扩展，通过情景，理解新词的意思和用法：

办公楼：去办公楼 / 在办公楼工作 / 请问，办公楼在哪儿？
外出：外出旅游 / 带孩子外出 / 听说他外出了。
午觉：睡午觉 / 在家睡午觉 / 你每天睡午觉吗？

汉字辨认练习：

辨认下列汉字并组词。

{ 准：_____、_____
  难：_____、_____ }

{ 办：_____、_____
  为：_____、_____ }

{ 实：_____、_____
  买：_____、_____ }

{ 客：_____、_____
  客：_____、_____ }

{ 么：_____、_____
  公：_____、_____ }

练习册相关练习：第 14 页 / 三 / 第三部分

6 补充课堂活动——根据词卡组句子

教师给每个人发一张词卡，将全班分成两组，每组根据词卡内容，按照逻辑顺序，用"动作$_1$ + 了 + 就 + 动作$_2$"编写一段话，看哪组编得又快又好。

参考词语：起床、做早饭、写作业、上课、下课、看电视、玩电脑游戏、游泳、踢足球、跳舞、休息、进教室……

7 俗语

教师引导学生理解俗语的含义，注意这里的数量词"百步""九十九"都是虚指，并不特指"100 步""99 岁"。

8 本课小结

- 语言点：简单趋向补语"V+ 来 / 去"

  "V_1 了……就 V_2"表示两个动作连续发生

  反问句"能……吗？"

- 汉　字：旧字新词：办公楼、外出、午觉

3 桌子上放着很多饮料

一、教学内容和教学目标

重点词语	学生能够熟练掌握： "小心、条、记得、衬衫、新鲜、甜、只、放、饮料、舒服"的词义和用法。
语言点	学生能够了解并掌握： （1）"还是"和"或者"表示选择 （2）"方位词＋动词＋着＋名词（短语）"表示存在 （3）助动词"会"表示可能
汉字	学生能够： 根据已学生词猜测出3个旧字新词"鲜奶、冷饮、上面"的意思
功能	学生能够： （1）分别用提问、陈述的方式表示选择 （2）描述某处存在某物或某人 （3）表达可能发生的情况

二、教学步骤

复习旧课

1 教师出示第2课的热身图片，请学生根据图片说出生词。

2 教师根据第2课的内容进行提问。

（1）你爬过什么山？上去和下来的时候，你觉得一样吗？
（2）今天早上你是几点出来的？打算什么时候回去？
（3）下课后你去哪儿了？
（4）你昨天忙不忙？做了什么？
（5）汉语课的同学谁最忙？他/她每天做什么？

学习新课

1 热身

热身1：学生两人一组，合作完成热身1；教师出示热身1的图片，让学生根据图片说出词语，核对答案；最后全体学生齐读热身环节所有词语，要求语音标准，声调准确。

答案：①D ②C ③F ④A ⑤B ⑥E

热身 2：可留至语言点（2）"存在的表达"导入时使用。

2 生词

（1）生词快速认读及正音

还是、爬山、小心、条、裤子、记得、衬衫、元、新鲜、甜、只、放、饮料、或者、舒服、花、绿

- 教师先带领学生快速认读一遍生词；
- 取消拼音，带领学生再次认读；
- 请单个学生独自认读 2-3 个生词；
- 最后全班一起快速认读所有的生词。

（2）生词讲解方式

- 直观法（如图片、照片、实物等）展示：爬山、裤子、衬衫、饮料、元（角、分）、甜
- 肢体动作展示：放、舒服
- 对比法展示：花（茶）、绿（茶）
- 启发式引导：只

  教师给出句子部分内容让学生进行补充，如：老师不喜欢喝咖啡，不喜欢喝牛奶，只<u>喜欢喝水</u>。

（3）重点生词扩展及常用搭配

小心—小心点儿—小心车

条—一条腿—一条裤子—你已经有两条这样的裤子了。

记得—记得妈妈的生日—记得他的名字—你记得我们学过什么吗？
　　—不记得—我们是什么时候去南方的？我不记得了。

衬衫—一件衬衫—穿衬衫—白衬衫
　　—蓝衬衫—你喜欢什么颜色的衬衫？

新鲜—牛奶很新鲜—新鲜的水果
　　—不新鲜

甜—很甜—甜牛奶—太甜了—什么东西很甜？

放—放在桌子上—放书

只—我只会说一点儿汉语—今天早上他只喝了一杯牛奶。
　　—办公室只有小王一个人。

饮料—买饮料—喝饮料—你喜欢喝什么饮料？

舒服—很舒服—这件衬衫很舒服。—这把椅子很舒服。
　　你哪儿不舒服？—不舒服的时候你做什么？

练习册相关练习：第 15 页／一／第一部分，第 18 页／二／第二部分

3 语言点

（1）"还是"和"或者"

① 语言点解析

汉语中可以用"还是"和"或者"表示选择。一般来说，"还是"用在疑问句中，"或者"用在陈述句中。有的陈述句包含疑问形式的小句，这时小句中只能用"还是"。

> A 还是 B？

> A 或者 B。

② 语言点导入

教师可就地取材，利用本班学生及实际物品导入语言点。

教师请一位男生起立，并面向全班提问。

教师：他是老师还是学生？

学生：他是学生。

教师：他是男孩子还是女孩子？

学生：他是男孩子。

教师手里拿着咖啡，摇头；拿着绿茶，点头。

教师：老师喜欢喝咖啡还是绿茶？

学生：老师喜欢喝绿茶。

教师拿着咖啡和绿茶，示意全班向某一位学生提问。

全班：你喜欢喝咖啡还是绿茶？

学生：我喜欢……。

教师拿着绿茶和水，示意学生提问。

学生：老师，您喜欢喝绿茶还是水？

教师：我喜欢喝绿茶，也喜欢喝水。——绿茶或者水我都喜欢喝。

③ 语言点操练

教师可利用本课热身1的图片操练本语言点。

教师展示图片，示意学生提问、回答：

目标句：你喜欢吃苹果还是香蕉？

你喜欢穿白衬衫还是红衬衫？

你想喝花茶还是绿茶？

④ 语言点扩展练习

教师让学生两两一组，互相询问：

爱好

周末的打算

明天的天气

（2）存在的表达

① 语言点解析

汉语中可以在方位词后用"动词+着+名词（短语）"表示什么地方有什么东西，其中动词常常是"放""写""坐""住"等。名词短语一般是不确定的事物，如"一本书""几个人"，不能是"这本书""周经理"等定指的名词或名词短语。

> 地方+动词+着+名词（短语）

② 语言点导入

教师可利用本课热身2的图片导入语言点。

教师带领学生认读图片下的方位词。

教师示范：

教师：桌子上有什么？

学生：桌子上有一些纸、笔和几瓶（píng）水。

教师请学生与同桌合作，互相询问，共同完成热身2。

教师请学生回答图片中这些地方有什么。

教师利用学生的回答，导入本课句型：桌子上放着一些纸、笔和几瓶水。

③ 语言点操练

教师可就地取材，利用教室、课桌、书本等进行操练。

目标句：他的桌子上放着一本词典。

　　　　教室里坐着15个学生。

　　　　老师的书上写着"XXX"。

> 注意：
> 这种句子的否定形式是在动词前加"没"，同时名词前不再有量词，如：桌子上没放着电脑。

（3）"会"表示可能

① 语言点解析

助动词"会"用在句中，表示可能，通常用于未发生的事件中。

② 语言点导入

教师可给出情境，引入语言点。

教师：外面正在下大雨呢，我没有伞，可以出去玩儿吗？

学生：你不能出去玩儿。

教师：为什么？

学生：外面下大雨呢，你会生病。

③ 语言点操练

请学生根据提示用新学的语言点完成句子。

很晚回家，妈妈不高兴

晚上不睡觉，第二天头疼
天气不冷，不生病

④ 语言点扩展练习

教师给出情境，请学生回答。

我喜欢吃甜东西，一直吃，可以吗？——一直吃甜东西会胖。

朋友的生日，你打算送什么？——（他很喜欢看书，）我会送给他一本书。

做什么对身体好？——多喝水会对身体好。

4 课文

课文1

（1）让学生听两遍录音并回答下列问题：

明天是晴天还是阴天？——明天阴天，多云。

男的（小刚）明天有什么事情？——他要去爬山。

女的（小丽）对小刚说什么？——爬山的时候要小心点儿。

小丽也去爬山吗？为什么？——她不去，她有事。

（2）教师领读课文两遍，让学生分角色朗读课文，注意说话人的语气。

（3）教师给提示词，带领学生复述课文。

提示词：电视上说、爬山、小心点儿、有事

课文2

（1）让学生听两遍录音并回答下列问题：

男的（周明）让女的（周太太）买这条裤子吗？为什么？——周明不让太太买，因为他记得太太已经有两条这样的裤子了。

周太太还要买什么？——周太太还想买一件衬衫。

衬衫多少钱？——320元。

（2）教师领读课文两遍，让学生分角色朗读课文。

（3）模仿练习

学生两人一组，根据提示词模仿课文内容进行对话练习。

A：你觉得……怎么样？

B：我记得……。

A：那我们……。

B：……怎么样？

A：……，多少钱？

B：这上面写着……。

A：买一……。

课文 3

（1）让学生听两遍录音并回答下列问题：

女的（周太太）问男的（周明）什么？——"我们"买西瓜还是苹果？

他们要买什么水果？为什么？——他们要买西瓜，因为上面写着"西瓜不甜不要钱"。

他们买了什么水果？——他们买了一个大西瓜和几个苹果。

今天晚上他们吃什么？——今天晚上他们只吃水果不吃饭。

（2）教师领读课文两遍，让学生分角色朗读课文，注意说话人的语气。

（3）教师给提示词，带领学生复述课文。

提示词：还是、写着、甜、大西瓜、苹果、只

课文 4

（1）让学生听两遍录音并回答下列问题：

桌子上有什么？——桌子上放着很多饮料。

他们要喝什么？——男的喝茶或者咖啡都可以，女的喝茶。

女的（小丽）为什么喜欢喝热茶？——天冷了或者工作累了的时候，喝杯热茶会很舒服。

小丽喜欢喝什么茶？——花茶、绿茶、红茶，她都喜欢。

（2）教师领读课文两遍，让学生分角色朗读课文。

（3）模仿练习

学生两人一组，根据提示词模仿课文内容进行对话练习。

A：……放着……，你想……？

B：……或者……都可以。你呢？（你喝什么？）

A：我……，……是我的最爱。……或者……的时候……，……很……。

B：你喜欢……？

A：……，我都喜欢。

练习册相关练习：第21页/四

5 汉字

旧字新词：

① 教师领读以前学过的词语和新词，并让学生猜猜新词的意思。

- 领读：新鲜、牛奶、鲜奶
  问学生："鲜奶"是什么？——新鲜的牛奶。
  扩展提问：新鲜的鱼、肉怎么说？——鲜鱼、鲜肉。（根据实际情况选用）
- 领读：冷、饮料、冷饮
  问学生："冷饮"是什么意思？——凉的饮料。

扩展提问：热的饮料怎么说？——热饮。（根据实际情况选用）
- 领读：上边、前面、上面
  问学生："上面"是什么意思？——上边。
  扩展提问：还有什么"面"？——下面、前面、后面、里面、外面。（根据实际情况选用）

② 教师领读新词扩展，通过情景，理解新词的意思和用法：
鲜奶：买鲜奶 / 卖鲜奶 / 请问，鲜奶在哪儿买？
冷饮：喝冷饮 / 冷饮店 / 今天真热，我请你喝冷饮吧。
上面：在上面 / 上面的字 / 你家上面住着什么人？

汉字辨认练习：

辨认下列汉字并组词。

{ 山：_____、_____   { 得：_____、_____
{ 出：_____、_____   { 很：_____、_____

{ 者：_____、_____   { 服：_____、_____
{ 都：_____、_____   { 朋：_____、_____

{ 饮：_____、_____
{ 次：_____、_____

练习册相关练习：第 21 页 / 三 / 第三部分

6 补充课堂活动——我说原因，你说结果

两个学生一组，教师发给每组几张词卡，一个学生根据词卡上的生词，说出一个原因，例如"下雨没带伞，在外边走路"；另一个学生根据该原因，说出相应的结果"你会感冒的"。

参考词语：下雨、吃饭、睡觉、喝饮料、玩儿电脑游戏……

7 俗语

教师引导学生理解俗语的含义，注意这里的"茶"并不一定只是"茶"，而是某个能吸引人的东西，比如一个学校的课程很有意思，吸引很多学生来学习，一个饭馆儿的菜做得很好，很多客人去吃，等等，都可以用"茶好客常来"来比喻。

8 本课小结

- 语言点："还是"和"或者"表示选择
  　　　　"动词 + 着"表示存在
  　　　　"会"表示可能
- 汉　字：旧字新词：鲜奶、冷饮、外面

4　她总是笑着跟客人说话

一、教学内容和教学目标

重点词语	学生能够熟练掌握： "比赛、年级、聪明、热情、努力、总是、回答、年轻、认真"的词义和用法
语言点	学生能够了解并掌握： （1）"又……又……"描述人或事物同时具备的特点 （2）"V_1着（O_1）+V_2（O_2）"表达两个动作同时进行
汉字	学生能够： 根据已学生词猜测出3个旧字新词"女孩、做客、鲜花"的意思
功能	学生能够： （1）描述人和事物的性状 （2）描述动作的伴随

二、教学步骤

一 复习旧课

1 教师出示第3课的热身图片，请学生根据图片说出生词。

2 教师根据第3课的内容进行提问。

（1）今天天气怎么样？是晴天还是阴天？
（2）我们的教室漂亮吗？教室里有什么？
（3）我现在很累，不想工作，可以做些什么？
（4）不工作/不上课的时候，你们喜欢做什么？
（5）请说一说老师现在的样子。

二 学习新课

1 热身

热身1：教师可依次朗读热身部分的词语，要求学生集体或单个说出图片对应的编号，教师评判正误。最后全体学生再次齐读热身环节的所有词语，要求语音标准、声调准确。

答案：①D　②E　③B　④A　⑤F　⑥C

热身2：可留至语言点（2）"V_1着（O_1）+V_2O_2"导入时使用。

2 生词

（1）生词快速认读及正音

比赛、照片、年级、又、聪明、热情、努力、总是、回答、站、饿、超市、蛋糕、年轻、认真、客人、小明、马可、李小美

- 教师先带领学生快速认读一遍生词；
- 取消拼音，带领学生再次认读；
- 请单个学生独自认读2-3个生词；
- 最后全班一起快速认读所有的生词。

（2）生词讲解方式

- 直观法（如图片、照片、实物等）展示：比赛、照片、花、超市、蛋糕、客人
- 肢体动作展示：站、饿
- 启发式引导：总是
- 教师给出句子部分内容让学生进行补充，如：她来晚很多次，还可以说她<u>总是</u>来晚。

（3）重点生词扩展及常用搭配

比赛—游泳比赛—篮球比赛—比赛以后，我们一起去吃饭。

年级—一年级—你是几年级的学生？

　　　—一个年级—他和我不是一个年级的。

聪明—很聪明—不聪明—我们班的同学都很聪明。

热情—很热情—不热情—你们的老师热情吗？

努力—很努力—不努力—你学习努力吗？

总是—总是玩儿游戏—总是睡觉—这个字我总是写错。

回答—回答问题—谁能回答这个问题？

年轻—很年轻—不年轻—年轻人

认真—很认真—不认真—她是一个做事认真的人。

练习册相关练习：第22页 / 一 / 第一部分，第25页 / 二 / 第二部分

3 语言点

（1）又……又……

① 语言点解析

多用于口语，表示人或事物同时存在的两种性状或特征，例如"我又累又饿"表示我很累，也很饿。

$$\boxed{又 + 形容词_1 + 又 + 形容词_2}$$

② 语言点导入

教师可以利用身边的人或事物导入语言点。例如：

教师：A同学很聪明，也很热情，他/她怎么样？

学生：他/她又聪明，又热情。

教师：这件衣服很好看，只要100块钱。这件衣服怎么样？

学生：这件衣服又好看又便宜。

③ 语言点操练

教师可根据实际情况提问，请学生回答。

你的房间怎么样？

妈妈做的菜怎么样？

超市的东西怎么样？

> 注意：
> "又……又……"表示两种情况都有，所以不能说"今天又冷又暖和"。

（2）动作的伴随

① 语言点解析

汉语中"着"可以用在两个动词短语间表示两个动作同时进行，后面的动词是主要的动作，前面的动词是后面动作的状态或者进行的方式。

$$动词_1（宾语_1）+着+动词_2（宾语_2）$$

② 语言点导入

教师可利用本课热身2的图片导入语言点。

教师请学生观察热身中的图片，说说图片中的人在做什么。

教师示范：

教师：她在做什么？

学生：她在吃苹果，她在看书。

教师请学生与同桌合作，互相询问，共同完成填空。

教师核对答案，请学生和同桌一问一答。

教师利用学生的回答，导入本课句型：她吃着苹果看书。

③ 语言点操练

教师给出两个动词，请学生完成句子。

例如：笑、打电话——她笑着打电话。

　　　吃饭、看电视

　　　坐、写作业

④ 语言点扩展练习

教师可根据实际情况提问，请学生回答。

你喜欢听歌的时候做什么？

你喝咖啡的时候还会做什么?

> 注意:
> 两个动词中,第二个是句子中的主要动词。

4 课文

课文 1

(1)让学生听两遍录音并回答下列问题:
这是什么时候照的照片?——比赛后照的。
那个女孩儿是几年级的?——是二年级的。
哪个人是"我"?——那个拿着书笑的人。

(2)教师领读课文两遍,让学生分角色朗读课文,注意说话人的语气。

(3)教师给提示词,带领学生复述课文。
提示词:比赛、照片、年级、又、高、漂亮、拿着、笑

课文 2

(1)让学生听两遍录音并回答下列问题:
男的觉得小红怎么样?——她又聪明又热情,也很努力。
小红怎么回答老师的问题?——她总是笑着回答老师的问题。
喜欢小红的人多吗?——喜欢她的人太多了。

(2)教师领读课文两遍,让学生分角色朗读课文。

(3)模仿练习
学生两人一组,根据提示词模仿课文内容进行对话练习。
A:你觉得……怎么样?
B:她/他又……又……,也……。
A:我看她/他……。
B:她/他……,也……。
A:你是不是……?
B:……。

课文 3

(1)让学生听两遍录音并回答下列问题:
他们为什么去超市?——男的有点儿饿了。
这家超市的蛋糕怎么样?——又便宜又好吃,一块儿只要2.99元。

他们回家后要做什么？——吃着蛋糕看电视。

他们买了什么喝的？——他们买了咖啡。

（2）教师领读课文两遍，然后让学生分角色朗读课文。

（3）模仿练习

学生两人一组，根据提示词模仿课文内容进行对话练习。

A：我有点儿……，我们去……。

B：好啊，这个……又……又……，……。

A：我们……，怎么样？

B：好啊，我……。

A：……，太好了！

课文 4

（1）让学生听两遍录音并回答下列问题：

男的找的服务员怎么样？——她又年轻又漂亮，工作又认真又热情，总是笑着跟客人说话。

这个服务员叫什么？——她叫李小美。

（2）教师领读课文两遍，让学生分角色朗读课文，注意说话人的语气。

（3）教师给提示词，带领学生复述课文。

提示词：又、年轻、漂亮、服务员、认真、热情、笑

练习册相关练习：第28页/四

5 汉字

旧字新词：

① 教师领读以前学过的词语和新词，并让学生猜猜新词的意思。

- 领读：女、孩子、女孩

  问学生："女孩"是什么样的人？——女的孩子。

  扩展提问：女孩子的弟弟呢？——男孩子。（根据实际情况选用）

  注意："女孩子"不一定指很小的小孩儿，年轻的女孩儿都可以用。

- 领读：做、客人、做客

  问学生："做客"是什么意思？——去别人家做客人。

  注意："做客"是一个动词。

- 领读：新鲜、花、鲜花

  问学生："鲜花"是什么意思？——新鲜的花。

  扩展提问：我们还学过"鲜"什么？鲜奶。（根据实际情况选用）

② 教师领读新词扩展，通过情景，理解新词的意思和用法：

女孩：一个女孩 / 好看的女孩 / 这是女孩的衣服。

做客：来我家做客 / 去朋友家做客 / 欢迎你来做客。

鲜花：买鲜花 / 鲜花很漂亮 / 这是我送你的鲜花。

汉字辨认练习：

辨认下列汉字并组词。

{ 北：_____、_____   { 明：_____、_____
{ 比：_____、_____   { 朋：_____、_____

{ 力：_____、_____   { 饿：_____、_____
{ 为：_____、_____   { 我：_____、_____

{ 回：_____、_____
{ 四：_____、_____

练习册相关练习：第28页 / 三 / 第三部分

6 补充课堂活动——我来做，你来猜

全班分成两组，每组交替派出一个学生到前边表演动作，如"听着音乐写作业"，两组学生抢答，看哪组说得又好又快。

7 俗语

教师引导学生理解俗语的含义，注意这里的"五十步""一百步"指的都是程度，不是确定的数量。

8 本课小结

- 语言点：用"又……又……"表示性状的描述

  用"动词$_1$着（宾语$_1$）+动词$_2$（宾语$_2$）"表示动作的伴随
- 汉　字：旧字新词：女孩、做客、鲜花

5　我最近越来越胖了

一、教学内容和教学目标

重点词语	学生能够熟练掌握："发烧、为、照顾、裙子、最近"的语义和用法
语言点	学生能够了解并掌握： （1）"了"表示变化 （2）"越来越……"表示变化
汉字	学生能够： （1）了解会意字的造字方法 （2）根据已学生词猜测出3个旧字新词"听说、有点儿、草地"的意思
功能	学生能够： 用"了"和"越来越"描述事物的变化

二、教学步骤

■ 复习旧课

1 教师出示第4课的热身图片，请学生根据图片说出生词。

2 教师根据第4课的内容进行提问。

（1）又累又饿的时候你会做什么？
（2）请你给我介绍一个饭馆，说说为什么。
（3）看电影的时候你喜欢做什么？你的朋友呢？
（4）我喜欢喝着饮料看电影，你呢？
（5）说说你最喜欢的一个人。你为什么喜欢他/她？

■ 学习新课

1 热身

学生两人一组，合作完成热身1和2；教师出示热身的图片，让学生根据图片说出词语，核对答案；最后全体学生齐读热身环节所有词语，要求语音标准，声调准确。

答案：1. ①B/F　②B　③D　④E　⑤A　⑥C
　　　2. ①C　②D　③B　④A

2 生词

（1）生词快速认读及正音

发烧、为、照顾、用、感冒、季节、当然、春（天）、草、夏（天）、裙子、最近、越、张

- 教师先带领学生快速认读一遍生词；
- 取消拼音，带领学生再次认读；
- 请单个学生独自认读2-3个生词；
- 最后全班一起快速认读所有的生词。

（2）生词讲解方式

- 直观法（如图片、照片、实物等）展示：发烧、感冒、草、裙子
- 对比法展示：春（天）—夏（天）
- 启发式引导：为、用
  教师给出提示，引导学生说句子：

  我做饭，给他——我为他做饭。

  明天是星期六，我们上课吗？——星期六不用上课。

（3）重点生词扩展及常用搭配

发烧—发烧了—发了三天烧—发烧的时候要做什么？

为—为妹妹做生日蛋糕—为朋友买咖啡

照顾—照顾孩子—照顾小猫—照顾得很好—你们家谁照顾你？

裙子—穿裙子—买裙子—一条裙子—这条裙子有点儿瘦。

最近—最近几天—最近我很忙—最近你怎么样？

练习册相关练习：第29页/一/第一部分，第32页/二/第二部分

3 语言点

（1）"了"表示变化

① 语言点解析

语气助词"了"用在陈述句句尾，表示情况有了变化，或出现了新的情况，如"我现在没钱了"表示"我"以前有钱，现在没有钱的变化。

② 语言点导入

教师可就地取材，利用周围物品，如水杯等，导入语言点。

教师展示一杯水。

教师：杯子里有水吗？

学生：杯子里有水。

教师把水喝完。

教师：现在呢？

学生：现在杯子里没有水了。

③ 语言点操练

教师可利用本课热身1的图片A、B、E操练本课语言点。

教师展示图片A。

教师：现在是什么季节？

学生：现在是春天。

教师：为什么？

学生：因为花开了。

教师：天气很冷吗？

学生：现在天气不冷了。

教师可利用图片B、D、F进一步操练。

目标句：她发烧了。

草绿了。

④ 语言点扩展练习

教师让学生两两一组，互相询问：

小时候我不喜欢喝牛奶，现在喜欢了。

去年我不会说汉语，现在会了。

上个星期天气很热，这个星期冷了。

（2）越来越+Adj / Mental V

① 语言点解析

"越来越"的后边加上形容词或心理动词，如"越来越冷""越来越喜欢"表示随着时间的推移程度上发生的变化。

| 越来越+形容词 |

| 越来越+心理动词 |

② 语言点导入

教师可利用HSK1~3级要求学习的生词数导入语言点。

教师分别展示HSK1~3级要求学习的生词数量(1级150个、2级300个、3级600个)。

教师：生词多吗？

学生：1级不多，2级还可以，3级多。

教师引导学生说出句子：生词越来越多。

③ 语言点操练

教师可就地取材，利用课本、学生作业等进行操练。

目标句：同学们汉语说得越来越好。

他的字写得越来越漂亮/快。

我们越来越喜欢学习汉语。

④ 语言点扩展练习

教师让学生互相询问，用学过的形容词说说自己的希望。

学生A：你有什么希望？

学生B：我希望我的钱越来越多。

> 注意：
> 　　形容词或心理动词的前边都不能再加程度副词，不能说"越来越很热""越来越非常想"。

4 课文

课文1

（1）让学生听两遍录音并回答下列问题：

女的（小丽）怎么了？——小丽身体不舒服。

小丽的身体怎么样？——前几天她有点儿发烧，现在好多了。

男的为小丽买了什么？——他为小丽买了绿茶。

小丽为什么不喝？——因为她要吃药，所以不喝绿茶。

（2）教师领读课文两遍，让学生分角色朗读课文，注意说话人的语气。

（3）教师给提示词，带领学生复述课文。

提示词：听说、不舒服、发烧、好多了、为、吃药

课文2

（1）让学生听两遍录音并回答下列问题：

第一个人（周太太）为什么说"对不起"？——因为她明天不能跟大家一起出去玩儿了。

周太太为什么不能出去玩儿？——她儿子病了，她要在家照顾儿子。

周太太的儿子身体怎么样了？——昨天吃了感冒药，现在好一些了。

（2）教师领读课文两遍，让学生分角色朗读课文。

（3）模仿练习

学生两人一组，根据提示词模仿课文内容进行对话练习。

A：对不起，我明天不能……

B：为什么？怎么了？

A：我……，我要……。

B：……？要不要……？

A：不用……，现在……了。

B：那我们下次……。

课文 3

（1）让学生听两遍录音并回答下列问题：

男的（小刚）最喜欢哪个季节？为什么？——他最喜欢春天。因为天气不那么冷了，草和树都绿了，花也开了。

女的（小丽）最喜欢哪个季节？为什么？——她最喜欢夏天，因为可以穿漂亮的裙子了。

小刚现在喜欢什么季节？为什么？——他现在也喜欢夏天了。因为他喜欢看小丽穿漂亮的裙子。

（2）教师领读课文两遍，让学生分角色朗读课文。

（3）模仿练习

学生两人一组，根据提示词模仿课文内容进行对话练习。

A：你最喜欢……？

B：当然是……，……。

A：我……，因为……。

B：那我也……了。

A：怎么？你也……？

B：不，我……。

课文 4

（1）让学生听两遍录音并回答下列问题：

女的（小丽）有什么问题？——她越来越胖了。

小丽是怎么知道她越来越胖的？——因为去年买的裙子，今年不能穿了。

男的（小刚）觉得小丽为什么胖了？——因为她吃得太多了。

小丽能不能少吃？为什么？——小丽不能少吃，因为她做的饭越来越好吃。

（2）教师领读课文两遍，让学生分角色朗读课文，注意说话人的语气。

（3）教师给提示词，带领学生复述课文。

提示词：越来越、不能穿、吃得多、做的饭

练习册相关练习：第35页／四

5 汉字

会意字：

① 知识点解析：

古代中国人有时用两个或两个以上的独体字组成一个汉字，这几个独体字的意思加起来就是整个汉字的意思。

提示：教师可以逐一展示独体字图片，请学生说出每个图片的含义，然后把两部分拼在一起，让学生猜测整字的含义。

明：日 + 月——太阳和月亮，光明。

休：人 + 树——人靠在树边休息。

从：人 + 人——一个人跟着另一个人走。

看：手 + 目——手放在眼睛上，看。

② 汉字练习

教师板书或者用手指在空中书写本课会意字"明、休、从、看"，带领学生一起识记会意字的笔画笔顺。

请学生用本课所学会意字组词：

参考答案：

明：明天、聪明

休：休息

从：从八点到十点、从中国到日本

看：看见、看电视

旧字新词：

① 教师领读以前学过的词语和新词，并让学生猜猜新词的意思。
- 领读：听、说、听说
  问学生："听说"是什么意思？——听别人说。
- 领读：有、一点儿、有点儿
  提示学生："有点儿"和"有一点儿"意思是一样的。
- 领读：草、地方、草地
  问学生："草地"是什么意思？——比较大的有草的地方。
  扩展提问：还有什么"地"？——雪地、菜地、林地……（根据实际情况选用）

② 教师领读新词扩展，通过情景，理解新词的意思和用法：

听说：听说过 / 没听说过 / 你听说过什么有意思的事吗？

有点儿：有点儿冷 / 有点儿难 / 这件衣服有点儿贵。

草地：草地上 / 在草地上玩儿 / 现在这个季节草地绿了吗？

汉字辨认练习：

辨认下列汉字并组词。

{看：_____、_____　　{复：_____、_____
{春：_____、_____　　{夏：_____、_____

{发：_____、_____　　{热：_____、_____
{友：_____、_____　　{然：_____、_____

$$\begin{cases} 草：\underline{\qquad}、\underline{\qquad} \\ 早：\underline{\qquad}、\underline{\qquad} \end{cases}$$

练习册相关练习：第35页/三/第三部分

6 补充课堂活动——根据词卡写句子

由教师开头，要求学生每人至少选用一个本课所学生词或语言点说一句话。后边的人要接上前边人的情节，最后全班连成一个完整的故事。

例如：夏天了，天气越来越热。……

参考词语：发烧、为、照顾、用、感冒、季节、当然、春（天）、草、夏（天）、裙子、最近、越来越、了

7 俗语

教师引导学生理解俗语的含义，注意这里的"药"并不一定真的指药品，可以是某中能解决问题的办法；"病"也不一定指疾病，可以是遇到的问题。

6 本课小结

- 语言点："了"放在句末表示变化

  "越来越……"表示随时间推移产生程度上的变化

- 汉　字：会意字

  旧字新词：听说、有点儿、草地

文化：中国有什么传统运动

1 文化点解析

① 中国的传统运动包括放风筝、踢毽子、抖空竹、打太极拳等。

② 老年人习惯早上或傍晚去公园做这些传统运动，而现代年轻人工作较忙，习惯下班后去健身房锻炼，不过他们周末也会跟家人一起去公园游玩和做运动。

2 文化点参考处理方式

- 教师可以给出一些运动的图片，请学生挑选出其中的中国传统运动。教师也可以询问学生是否会做这些运动，有条件的，可以进行展示。
- 请学生说说自己国家的传统运动，有条件的，可以请学生进行展示。

6 怎么突然找不到了

一、教学内容和教学目标

重点词语	学生能够熟练掌握："突然、清楚、刚才、特别、讲、明白、更"和词义和用法
语言点	学生能够了解并掌握： （1）可能补语 （2）"呢"询问处所 （3）"刚"和"刚才"的区别
汉字	学生能够：根据已学生词猜测出3个旧字新词"校园、饭桌、花园"的意思
功能	学生能够： 表达实现结果的可能性

二、教学步骤

复习旧课

1 教师出示第5课的热身图片，请学生根据图片说出生词。

2 教师根据第5课的内容进行提问。

（1）你身体怎么了？不舒服吗？
（2）明天你怎么不能出去玩儿了？
（3）一年四季，你最喜欢哪个季节？为什么？
（4）要考试了，我还没复习，怎么办？
（5）你最近身体怎么样？胖了还是瘦了？为什么？

学习新课

1 热身

热身1：教师出示热身的图片，要求学生集体认读并请单个学生说出对应图片的编号，教师评判正误；最后全体学生齐读热身环节的所有词语，要求语音标准、声调准确。

答案：①D ②F ③C ④A ⑤E ⑥B

热身2：可留至语言点（1）"可能补语"导入时使用。

2 生词

（1）生词快速认读及正音

眼镜、突然、离开、清楚、刚才、帮忙、特别、讲、明白、锻炼、音乐、公园、聊天（儿）、睡着、更

- 教师先带领学生快速认读一遍生词；
- 取消拼音，带领学生再次认读；
- 请单个学生独自认读2-3个生词；
- 最后全班一起快速认读所有的生词。

（2）生词讲解方式

- 直观法（如图片、照片、实物等）展示：锻炼、音乐、公园、聊天（儿）
- 肢体动作展示：离开、帮忙
- 启发式引导：明白

  教师给出句子部分内容让学生进行补充，如：上课的时候他不懂，下课老师告诉他以后，<u>他明白了</u>。

（3）重点生词扩展及常用搭配

突然—很突然—突然的事—他突然来了

清楚—很清楚—不清楚

　　　—听清楚—没听清楚—你听清楚了吗？

刚才—你刚才去哪儿了？—刚才你做什么了？

特别—特别认真—特别聪明—他特别热情。

讲—讲一讲—讲清楚—讲题—你给我讲一下这个题吧。

明白—讲明白—听明白—很明白—不明白—明白了

更—更好—更难—我现在吃得更多了。

练习册相关练习：第36页/一/第一部分，第39页/二/第二部分

3 语言点

（1）可能补语

① 语言点解析

我们以前学习过结果补语，表示动作的结果，如果想表达这种结果实现的可能性，我们可以在动词和结果中间加上"得""不"表示能否实现这种结果，简单地说就是能怎么样或者不能怎么样。

| 动词 + 得 + 结果 |

| 动词 + 不 + 结果 |

② 语言点导入

教师可利用本课热身2导入语言点。

教师带领学生齐读两列词语，学生两人一组，合作完成热身2。

答案：①买到　②看清楚　③讲明白　④听见　⑤上去　⑥做完

教师可根据课堂情况提问坐在教室后边的学生。

教师：没有眼镜，你能不能看清楚？

学生：没有眼镜，我不能看清楚。

教师：没有眼镜，他看不清楚。

③ 语言点操练

教师带领学生说出本课热身2中可能补语的肯定形式和否定形式，例如"买得到""买不到"等。然后让学生两两一组，根据本课热身2，创设情景，说出带有可能补语的句子。

例如：买电影票的人太多了，我买不到。

④ 语言点扩展练习

请教师根据实际情况向学生提问：

今天的语法你们听得懂听不懂？

什么东西你找不到了？

今天的作业，你们做得完做不完？

中国人聊天儿，你们听得懂听不懂？

> 注意：
> 　　表不允许时只能用"不能+动词"，不能用可能补语的否定式，例如"他不让你进去，你不能进去"，不能说"你进不去"。

（2）"呢"询问处所："N+呢"

① 语言点解析

"名词+呢"表示询问人或者事物在哪儿。例如"我的书呢？"的意思是"我的书在哪儿？"

名词+呢？

② 语言点导入

教师可利用句型转换的方式导入语言点。

教师：你的汉语书在哪儿？

学生：我的汉语书在桌子上。

教师：也可以这样问，你的汉语书呢？

学生：我的汉语书在桌子上。

③ 语言点操练

教师可就地取材，利用教室场景进行操练。

你的笔呢？

你的手机呢？

你的表呢？

④ 语言点扩展练习

教师让学生互相询问，假设场景是学生的家里。

学生A：牛奶呢？

学生B：牛奶在桌子上。

> 注意：
> 有上下文的情况下，"呢"还可以表示省略上文的疑问。例如：
> A：你去哪儿？
> B：我去超市，你呢？
> 这里的"你呢"，不是问"你在哪儿"，而是指代上文的问题"你去哪儿？"。

（3）"刚"和"刚才"

① 语言点解析

"刚"是副词，"刚才"是名词，都表示动作发生的时间不长，但是"刚才"常常表示几分钟以前，跟"现在"相对；而"刚"表示的时间短，是说话人自己的感觉，可以是几分钟、几天甚至几个月，比如："我刚来中国两个月"，表示对说话人来说，两个月时间很短。因为词性不同，所以"刚"只能用在动词前，"刚才"可以用在动词前，也可以放在句子前边。

主语 + 刚才 + 动词

刚才 + 主语 + 动词

主语 + 刚 + 动词

② 语言点导入

教师用对比法引入语言点。

教师：大卫呢？

学生：他刚才出去了。

教师：也可以说，他刚出去。

③ 语言点操练

教师提问，让学生回答。

你什么时候做完的作业？

你什么时候回来的？

刚才你做什么了？

④ 语言点扩展练习

教师板书句子，让学生选择"刚才"或"刚"填空。

我_____起床，妈妈就给我打了一个电话。

老师，_____您讲的那个语法我没听懂。

我们_____开始上课。

_____爸爸去买了杯咖啡。

> 注意：
> "刚才"可以放在主语的前边或者后边，例如"他刚才出去了"，也可以说"刚才他出去了"，但是"刚"只能放在主语后边动词前边，例如"他刚出去"。

4 课文

课文 1

（1）让学生听两遍录音并回答下列问题：

男的（周明）在找什么？——他在找眼镜。

女的（周太太）让他去哪儿找找？——周太太让他去房间找找。

现在周太太要做什么？——她要帮周明找眼镜。

（2）教师领读课文两遍，让学生分角色朗读课文。

（3）模仿练习

学生两人一组，根据提示词模仿课文内容进行对话练习。

A：我的……呢？怎么……？你……？

B：我没……。

A：我……，没有……，我……。

B：你去……，是不是……？

A：我……？你……。

B：好吧，我……。

课文 2

（1）让学生听两遍录音并回答下列问题：

谁的作业做完了？——男的。

女的为什么要来找男的？——请他讲题。

女的什么时候过去？——她锻炼完了就过去。

（2）教师领读课文两遍，让学生分角色朗读课文。

（3）模仿练习

学生两人一组，根据提示词模仿课文内容进行对话练习。

A：今天的……你……？

B：刚……，你呢？

A：……，我……，你能……？

B：……，你……，我……。

A：好啊，我……。

课文 3

（1）让学生听两遍录音并回答下列问题：

男的为什么不高兴？——他想请小丽吃饭，但是找不到好饭馆。

男的为什么不请小丽听音乐会？——音乐会人太多，买不到票。

他们为什么不去公园走走？——男的觉得公园太大，很累。

（2）教师领读课文两遍，让学生分角色朗读课文，注意说话人的语气。

（3）教师给提示词，带领学生复述课文。

提示词：吃饭、饭馆、音乐会、票、公园、累

课文 4

（1）让学生听两遍录音并回答下列问题：

女的（周太太）为什么不让男的（周明）喝咖啡？——因为周明晚上睡不着觉。

周太太让周明喝什么？——她让周明喝牛奶。

周明喝牛奶了吗？为什么？——没喝，因为牛奶还没买呢。

（2）教师领读课文两遍，让学生分角色朗读课文，注意说话人的语气。

（3）教师给提示词，带领学生复述课文。

提示词：咖啡、睡不着、一杯、牛奶、睡得

练习册相关练习：第 42 页 / 四

5 汉字

旧字新词：

① 教师领读以前学过的词语和新词，并让学生猜猜新词的意思。

- 领读：学校、公园、校园
  问学生："校园"是什么意思？——学校里的地方。
- 领读：吃饭、桌子、饭桌
  问学生："饭桌"是什么意思？——吃饭的桌子。

- 领读：鲜花、公园、花园
  问学生："花园"是什么意思？——有很多花的公园。

② 教师领读新词扩展，通过情景，理解新词的意思和用法：
   校园：我们的校园 / 大学校园 / 我们的校园不太大。
   饭桌：一张饭桌 / 饭桌上 / 我们在饭桌上吃饭。
   花园：去花园 / 花园里 / 花园里的鲜花真好看。

汉字辨认练习：

辨认下列汉字并组词。

{ 白：_____、_____   { 意：_____、_____
{ 百：_____、_____   { 音：_____、_____

{ 请：_____、_____   { 便：_____、_____
{ 清：_____、_____   { 更：_____、_____

{ 东：_____、_____
{ 炼：_____、_____

练习册相关练习：第 42 页 / 三 / 第三部分

6 **补充课堂活动——我来做，你来猜**

　　A、B 两个同学一组到教室前边完成，教师给 A 同学和其他同学出示词语卡片，B 同学不能看。A 同学要用动作表演出卡片上词语的内容，B 同学根据 A 同学的表演猜出这个词语是什么，并用这个词语说一个句子。

　　参考词语：离开、帮忙、锻炼、聊天（儿）、听不清楚、讲得明白、看不懂、吃不完……

7 **俗语**

　　教师引导学生理解俗语的含义，注意这里的"万事"并不是具体数量的"一万件事"，而是指"所有的事"，这句话常常用来劝导别人不要放弃。

8 **本课小结**

- 语言点：可能补语的用法
  　　　　 "呢"询问处所
  　　　　 区分"刚"和"刚才"
- 汉　字：旧字新词：校园、饭桌、花园

7 我跟她都认识五年了

一、教学内容和教学目标

重点词语	学生能够熟练掌握："同事、以前、久、结婚、迟到、接"的词义和用法
语言点	学生能够了解并掌握： （1）时段的表达方法 （2）表达兴趣的方法 （3）用"半""刻""差"表示时间
汉字	学生能够： 　　根据已学生词猜测出3个旧字新词"以后、到时候、迎接"的意思
功能	学生能够： （1）用时段表示做某事持续的时间 （2）表达自己的兴趣 （3）用更丰富的形式（"半""刻""差"）表达时间

二、教学步骤

复习旧课

1 教师展示第6课的热身图片，请学生根据图片说出生词。

2 教师根据第6课的内容进行提问。

（1）刚才谁没在教室？他/她去哪儿了？
（2）我的手机呢？谁看见了？
（3）现在几点？我们快要下课了吗？
（4）我想学跳舞，你觉得我能学会吗？为什么？
（5）请你给大家介绍一个不错的咖啡店，说说在那儿能做什么。

学习新课

1 热身

　　热身1：学生两人一组，合作完成热身1；教师出示热身1的图片，让学生根据图片说出词语，核对答案；最后全体学生齐读热身环节所有词语，要求语音标准，声调准确。
　　答案：①F　②E　③C　④A　⑤B　⑥D

热身2：可留至语言点（1）"时段的表达"导入时使用。

2 生词

（1）生词快速认读及正音

同事、以前、银行、久、感兴趣、结婚、欢迎、迟到、半、接、刻、差

- 教师先带领学生快速认读一遍生词；
- 取消拼音，带领学生再次认读；
- 请单个学生独自认读2-3个生词；
- 最后全班一起快速认读所有的生词。

（2）生词讲解方式

- 直观法（如图片、照片、实物等）展示：银行、结婚、欢迎、迟到
- 对比法展示：同事—同学—同桌、以前—以后

（3）重点生词扩展及常用搭配

同事—我的同事—新同事—我跟她是同事。

以前—上课以前—学汉语以前—来这儿以前，我在一个学校工作过。

——以前，我不喜欢喝咖啡，现在喜欢了。

久—很久—不久—好久不见—你学汉语多久了？

结婚—跟他结婚—你想跟什么样的人结婚？

——结婚三年—我和丈夫已经结婚20年了。

——结过婚—听说他结过两次婚。

迟到—迟到了—别迟到—迟到了十分钟。

接—接朋友—去机场接朋友—下班以后谁来接你？

练习册相关练习：第43页/一/第一部分，第46页/二/第二部分

3 语言点

（1）时段的表达

① 语言点解析

时段是指动作或状态持续的时间，一般由时量补语充当，如：一刻钟、半个小时、两天、三个月等。"动词+了+时段+宾语"表示动作持续的时间，例如"我看了一个小时书。"如果句末还有一个"了"，即"动词+了+时段+宾语+了"表示仍在进行的动作所持续的时间。比如"他看了一个小时书了"，表示他看书的时间是一个小时，并且现在还在看书。

| 主语 + 动词 + 了 + 时段 + 宾语 |

| 主语 + 动词 + 了 + 时段 + 宾语 + 了 |

② 语言点导入

教师可利用本课热身2导入语言点。

教师先带领学生齐读表格中的词语，然后组织学生两人一组，合作完成热身2的表格。

教师展示自己的答案。

教师：老师每天锻炼几个小时？

学生：老师每天锻炼两个小时。

教师：老师昨天锻炼了几个小时？

学生：老师昨天锻炼了两个小时。

教师接着可利用课堂情况进行提问。

教师：我们是什么时候开始上课的？上课上了多长时间了？

学生：我们上课上了二十分钟了。

③ 语言点讲练

　　教师让学生两两一组，根据热身2表格互相询问并回答。

　　A：你昨天吃晚饭吃了多久？

　　B：我昨天吃了四十分钟晚饭。

④ 语言点扩展练习

　　请学生根据实际情况向老师提问。

　　老师，您当老师多久了？

　　老师，您结婚多长时间了？

　　老师，您每天开多长时间车来学校？

　　老师，您在这个地方住了几年了？

（2）表达兴趣

① 语言点解析

　　汉语表达兴趣常常用"对……感兴趣"和"对……有兴趣"，它们的否定式是"对……不感兴趣"和"对……没（有）兴趣"。

　　A 对 B（不）感兴趣

　　A 对 B（没）有兴趣

② 语言点导入

　　教师可利用本课热身2的部分词语导入语言点。

　　教师：你喜欢上网吗？

　　学生：我喜欢上网。

　　老师引导学生说出：我对上网感兴趣。

③ 语言点操练

　　教师可就地取材，利用课本内容进行操练。

　　目标句：小丽对音乐感兴趣。

　　　　　　小刚对音乐不感兴趣。

　　　　　　小刚对小丽很感兴趣。

④ 语言点扩展练习

教师让学生互相询问，说说自己的兴趣爱好。

A：你对中国电影有没有兴趣？

B：我对中国电影很有兴趣。

> 注意：
> 　　程度副词要放在"感兴趣"和"有兴趣"的前边，如"很感兴趣""非常有兴趣"。

（3）半、刻、差

① 语言点解析

表示时间时，"半"对应30分钟、"刻"对应15分钟，用在整点时间后。"差"用在整点时间以前，表示距离整点还有一段时间。

X点一刻

X点半

差……X点

② 语言点导入

教师用直观法（如实物、图片等）引入语言点。

教师：现在几点？

学生：现在八点半。

教师：现在几点？

学生：现在八点十五分。

教师引导学生说出：现在八点一刻。

教师：现在几点？

学生：现在八点四十五。

教师引导学生说出：差一刻九点。

③ 语言点操练

教师板书，写出时间点，让学生回答。

目标句：现在六点半。

　　　　现在是两点一刻。

　　　　现在是差一刻十点。

④ 语言点扩展练习

教师可根据实际情况提问，请学生回答。

你今天早上是几点起床的？

你昨天晚上是几点写完作业的？

我们每天几点开始上课？

旅游的时候，你坐的是几点的飞机？

> 注意：
> 　　表示时段时，汉语一般只说"一刻钟"，不说"两刻钟""三刻钟"；表示时间点时，可以说"一刻""三刻"。

4 课文

课文 1

（1）让学生听两遍录音并回答下列问题：

小丽是什么人？——小丽是一个漂亮的新同事。

小丽刚来北京吗？——不，她在北京工作三年了。

小丽一直在这个公司工作吗？——不，她在银行工作了两年以后，来的这个公司。

（2）教师领读课文两遍，让学生分角色朗读课文。

（3）模仿练习

学生两人一组，根据提示词模仿课文内容进行对话练习。

A：那个……是谁？

B：那是……。

A：他/她……吗？

B：不，他/她……了。

A：以前他/她……？

B：他/她在……了……以后来的……。

课文 2

（1）让学生听两遍录音并回答下列问题：

周末小刚做什么了？——他跟小丽去唱歌了，还去听音乐会了。

他们唱歌唱了多久？——他们唱了两个小时歌。

他们都对音乐感兴趣吗？——小丽对音乐感兴趣，小刚对小丽更有兴趣。

（2）教师领读课文两遍，让学生分角色朗读课文。

（3）模仿练习

学生两人一组，根据提示词模仿课文内容进行对话练习。

A：……去哪儿玩儿了？

B：我跟……了。

A：你们……了多久？

B：我们……了，……还去……了。

A：你们都……吗？

B：他／她……，我……。

课文 3

（1）让学生听两遍录音并回答下列问题：

下个月有什么好事？——小刚跟小丽下个月结婚。

同事觉得小刚结婚突然吗？——同事觉得小刚结婚很突然。

小刚和小丽刚认识吗？——不，他们已经认识五年了。

你觉得谁喜欢小丽？——小刚和那个同事都喜欢小丽。

（2）教师领读课文两遍，让学生分角色朗读课文，注意说话人的语气。

（3）教师给提示词，带领学生复述课文。

提示词：结婚、到时候、欢迎、突然、刚、已经……了

课文 4

（1）让学生听两遍录音并回答下列问题：

女的（小丽）为什么让男的（小刚）看手表？——因为小丽觉得小刚迟到了。

小丽觉得小刚迟到了多久？——她觉得小刚迟到了一刻钟。

小丽让小刚几点接她？——小丽让小刚七点半接她。

现在几点？小丽等了多长时间了？——现在差一刻八点，小丽等了半个小时了。

小刚迟到了吗？——小刚没迟到，小丽的手表快了一刻钟。

（2）教师领读课文两遍，让学生分角色朗读课文，注意说话人的语气。

（3）教师给提示词，带领学生复述课文。

提示词：看手表、迟到、接、坐了……了、快

练习册相关练习：第49页／四

5 汉字

旧字新词：

① 教师领读以前学过的词语和新词，并让学生猜猜新词的意思。

- 领读：以前、后边、以后
  问学生："以后"是什么意思？——从现在往后的时间。
- 领读：到、时候、到时候
  问学生："到时候"是什么意思？——到那个时候。
  提示学生："到时候"用于将来时。
- 领读：欢迎、接、迎接
  问学生：可以"迎接"谁？——迎接朋友、客人等。（根据实际情况选用）

② 教师领读新词扩展，通过情景，理解新词的意思和用法：
以后：以后的事 / 下课以后 / 今天回家以后你打算做什么？
到时候：到时候我请你吃饭。/ 到时候我会告诉你。/ 到时候欢迎你去我家玩儿。
迎接：迎接朋友 / 出门迎接 / 下楼迎接客人。

汉字辨认练习：

辨认下列汉字并组词。

{ 迟：_____、_____ 　{ 同：_____、_____
{ 近：_____、_____ 　{ 司：_____、_____

{ 认：_____、_____ 　{ 接：_____、_____
{ 以：_____、_____ 　{ 楼：_____、_____

{ 刻：_____、_____
{ 到：_____、_____

练习册相关练习：第 49 页 / 三 / 第三部分

6 补充课堂活动——我来说，你来做

准备一个时钟，将全班分成两组，每组依次派一名学生上来拨三次时钟，两组学生抢答，看哪组答对的次数多。

板书：点、分、刻、半、差

7 俗语

教师引导学生理解俗语的含义，注意这里的"一步"并不一定指下棋的情况，而是生活中的每个决定或选择。比如：我从小喜欢音乐，可是上大学的时候学了别的，现在只能在一家小银行工作。真是一步走错步步错。

8 本课小结

- 语言点：时段的表达
  　　　　兴趣的表达
  　　　　用"半""刻""差"表达时间
- 汉　字：旧字新词：以后、到时候、迎接

8 你去哪儿我就去哪儿

一、教学内容和教学目标

重点词语	学生能够熟练掌握："见面、一会儿、马上、老、几乎、重要"的词义和用法
语言点	学生能够了解并掌握： （1）副词"又"和"再"表示动作或情况的重复出现 （2）疑问代词活用1：疑问代词+就+疑问代词
汉字	学生能够： 根据已学生词猜测出3个旧字新词"面试、自学、离婚"的意思
功能	学生能够： （1）用"又"和"再"表达重复的动作或情况 （2）用疑问代词表达不确指的人、事物或方式

二、教学步骤

复习旧课

1 教师展示第7课的热身图片，请学生根据图片说出生词。

2 教师根据第7课的内容进行提问。
（1）你今天早上是几点起床、几点出门、几点到教室的？
（2）你对音乐感兴趣吗？你对什么感兴趣？
（3）你觉得每天运动多长时间对身体最好？
（4）你觉得学多长时间汉语以后，可以看懂中国电影？
（5）给大家介绍一下你喜欢做什么，不喜欢做什么，说说为什么。

学习新课

1 热身

热身1：学生两人一组，合作完成热身1；教师出示热身1的图片，分别请几个学生根据图片说出词语，核对答案；最后全体学生齐读热身环节所有词语，要求语音标准，声调准确。

答案：①F ②E ③D ④B ⑤A ⑥C

热身2：可留至语言点（2）"疑问代词活用1"导入时使用。

2 生词

（1）生词快速认读及正音

又、满意、电梯、层、害怕、熊猫、见面、安静、可乐、一会儿、马上、洗手间、老、几乎、变化、健康、重要

- 教师先带领学生快速认读一遍生词；
- 取消拼音，带领学生再次认读；
- 请单个学生独自认读 2-3 个生词；
- 最后全班一起快速认读所有的生词。

（2）生词讲解方式

- 直观法（如图片、照片、实物等）展示：电梯、层、害怕、熊猫、见面、安静、洗手间
- 对比法展示：胖—瘦、容易—难
- 启发式引导：满意、变化、健康

教师给出句子部分内容让学生进行补充，如：

他觉得很好，也可以说他觉得<u>很满意</u>。

这几年他总是这样，他<u>没有变化</u>。

他的身体很好，他<u>很健康</u>。

（3）重点生词扩展及常用搭配

见面—跟朋友见面—两点见面—明天我们在哪儿见面？

一会儿—等一会儿—看一会儿—我太累了，要睡一会儿。

马上—马上来—马上到—妈妈让你马上回家。

老—老同学—老房子—我跟我的老朋友认识已经 10 年了。

几乎—几乎没有人去—他现在和以前几乎没变化。

重要—很重要—不重要—我有一件重要的事要告诉你。

练习册相关练习：第 50 页 / 一 / 第一部分，第 53 页 / 二 / 第二部分

3 语言点

（1）"又"和"再"

① 语言点解析

副词"又"和"再"都可以放在动词前边，表示动作或情况的重复出现。"又 V"通常用于已发生了的重复动作或情况，"再 V"用于还没发生的重复动作或情况。

| 又 + 动词 |

| 再 + 动词 |

② 语言点导入

　　教师创设情境，引导学生说出目标句。

　　教师：我昨天买了一本书，今天呢？

　　学生：今天又买了一本书。

　　教师：我今天买了一本书，明天呢？

　　学生：明天再买一本书。

③ 语言点操练

　　教师板书句子，请学生用"又"或"再"填空。

　　我想明天_____买一个本子。

　　你怎么_____迟到了？

　　请等一下，我_____去一下卫生间。

　　我在中国见过熊猫，昨天_____去公园看熊猫了。

④ 语言点扩展练习

　　教师让学生回忆做过哪些重复的事，以后还想不想再做。

　　教师举例：我去饺子馆吃了两次饺子，上个星期去了一次，昨天又去了一次，我想明天再去一次。

　　教师请学生仿照例子，说出自己的情况。

> 注意：
> 　　一般情况下"又"后边有"了"与之搭配，"再"后边没有"了"，如果有"了"，表示情况的变化，例如"我不想再吃饺子了"。

（2）疑问代词活用1

① 语言点解析

　　汉语中，"就"可以用在两个相同的疑问代词之间，这时两个疑问代词不表示疑问，其所指的对象相同，指代不确定的人、事物或方式。

　　动词＋疑问代词＋就＋动词＋疑问代词

② 语言点导入

　　教师可利用本课热身2导入语言点。

　　教师请学生回忆学过的疑问代词，并请学生用疑问代词造句。

　　教师引导学生说出目标句：

　　教师：今天晚上老师请大家吃饭，你们想吃什么？

　　学生说出各自想吃的菜。

　　教师对大家说：这些菜都可以吃，大家想吃什么就吃什么。

　　教师请学生重复目标句，导入本课句型。

③ 语言点操练

教师给出两个词组，请学生完成句子。

例如：买东西、好吃的东西——什么东西好吃，我就买什么。

去旅游、好玩儿的地方

跟朋友见面、有时间的时候

喝茶、你喝的茶

④ 语言点扩展练习

教师提问，学生回答：

你什么时候去旅游？

你想去哪儿旅游？

你想跟谁去旅游？

你想怎么去旅游？

> 注意：
> 当前后两个分句的主语相同时，后一个分句中的主语可以省略，如果两个分句的主语不同，第二个主语要放在"就"的前边。

4 课文

课文 1

（1）让学生听两遍录音并回答下列问题：

女的最近打算做什么？——她打算买房子。

女的看过的房子她觉得满意吗？——不满意。

为什么？——一个没有电梯不方便，一个太高了，往下看很害怕。

（2）教师领读课文两遍，让学生分角色朗读课文，注意说话人的语气。

（3）模仿练习

学生两人一组，根据提示词模仿课文内容进行对话练习。

A：听说……？

B：是，昨天……，今天又……，明天还要再……。

A：都不……？

B：一个……，……。一个……，……。

A：……？

B：……，多……啊！

课文 2

（1）让学生听两遍录音并回答下列问题：

第二个人（马可）什么时候回国？——他下个星期回国。

第一个人（小明）能去机场送他吗？为什么？——不能，因为他下星期不在北京。

小明送给马可什么东西？——一个小熊猫。

（2）教师领读课文两遍，让学生分角色朗读课文。

（3）模仿练习

学生两人一组，根据提示词模仿课文内容进行对话练习。

A：听说你……？

B：是啊，……。

A：我……，不能……。

B：没关系，你……。

A：这个……送给你，……。

B：谢谢。希望……。

课文 3

（1）让学生听两遍录音并回答下列问题：

男的（小刚）想坐哪儿？——女的（小丽）坐哪儿，小刚就坐哪儿。

小刚想喝什么？——小丽喝什么，他就喝什么。

现在小丽要去哪儿？——她要去洗手间。

小刚能去吗？——他不能去。

（2）教师领读课文两遍，让学生分角色朗读课文。

（3）教师给提示词，带领学生复述课文。

提示词：坐、哪儿、安静、喝、饮料、等、马上、去、洗手间

课文 4

（1）让学生听两遍录音并回答下列问题：

他们几年没见面了？——他们快五年没见面了。

女的（周太太）有什么变化？——她胖了，以前的衣服都不能穿了。

周太太和周明谁做饭？——周太太做饭。

（2）教师领读课文两遍，让学生分角色朗读课文，注意说话人的语气。

（3）教师给提示词，带领学生复述课文。

提示词：变化、胖、健康、做饭、吃什么、吃多少

练习册相关练习：第56页/四

5 汉字

旧字新词：

① 教师领读以前学过的词语和新词，并让学生猜猜新词的意思。

- 领读：见面、考试、面试
  问学生："面试"是什么意思？——当面考查测试。
  扩展提问：还有什么试？——笔试。（根据实际情况选用）
- 领读：自己、学习、自学
  问学生："自学"是什么意思？——自己学习。
- 领读：离开、结婚、离婚
  问学生："离婚"是什么意思？——结婚以后，两个人又分开，不在一起了。
  注意"离婚"是一个动词。

② 教师领读新词扩展，通过情景，理解新词的意思和用法：

面试：公司面试／去上海面试／你面试得怎么样？

自学：自学汉语／不会自学／听说你是自学的日语？

离婚：离婚了／没离婚／他跟太太离婚了。

汉字辨认练习：

辨认下列汉字并组词。

{熊：_____、_____ 　{间：_____、_____
{能：_____、_____ 　{问：_____、_____

{老：_____、_____ 　{会：_____、_____
{考：_____、_____ 　{层：_____、_____

{几：_____、_____
{九：_____、_____

练习册相关练习：第56页／三／第三部分

6 补充课堂活动——根据词卡写句子

4-5个学生一组，每组随机抽取3-4个词卡，用这些词完成一个句子，比比哪组写得最好最快。

参考词语：又、再、满意、电梯、层、害怕、熊猫、见面、安静、一会儿、马上、洗手间、老、几乎、变化、健康、重要……

7 俗语

教师引导学生理解俗语的含义，注意这里的"站"不是指具体站立的位置，而是指看问题的高度。

8 **本课小结**
- 语言点:"又"和"再"表示重复
  疑问代词 + 就 + 疑问代词
- 汉　字:旧字新词:面试、自学、离婚

9 她的汉语说得跟中国人一样好

一、教学内容和教学目标

重点词语	学生能够熟练掌握："担心、比较、了解、参加、影响"的词义和用法
语言点	学生能够了解并掌握： （1）"越A越B"表示B随着A的变化而变化 （2）比较句1：A跟B一样（+形容词）表示A和B相比结果一样
汉字	学生能够： （1）了解形声字的造字方法以及左右结构形声字 （2）根据已学生词猜测出3个旧字新词"课间、山路、参赛"的意思
功能	学生能够： （1）用"越A越B"表达伴随的变化 （2）用"A和B一样（+形容词）"表达比较

二、教学步骤

一 复习旧课

1 教师展示第8课的热身图片，请学生根据图片说出生词。

2 教师根据第8课的内容进行提问。
（1）以后你打算在什么地方工作？
（2）旅游的时候你买哪家公司的飞机票？
（3）今天我请你吃晚饭，你想去哪儿吃？
（4）你打算送给朋友什么样的生日礼物？
（5）什么地方你非常喜欢？你去过几次？是什么时候去的？

二 学习新课

1 热身

热身1：可留至语言点（2）"比较句1：A跟B一样（+形容词）"导入时使用。
热身2：可留至语言点（1）"越A越B"导入时使用。

2 **生词**

（1）生词快速认读及正音

中文、班、一样、最后、放心、一定、担心、比较、了解、先、中间、参加、影响

- 教师先带领学生快速认读一遍生词；
- 取消拼音，带领学生再次认读；
- 请单个学生独自认读2-3个生词；
- 最后全班一起快速认读所有的生词。

（2）生词讲解方式

- 利用周围环境展示：班、最后、中间
- 利用生活场景展示：老师有一本英文书，一本汉语书，先看哪本？——先看……
- 对比法展示：知道—认识—了解、可能—一定、担心—放心
- 联系旧课展示：汉语—中文

（3）重点生词扩展及常用搭配

- **担心**—很担心—担心孩子的身体—妈妈很担心儿子的学习。
  —不担心—明天的考试，我一点儿也不担心。
- **比较**—比较好—比较贵—你对什么比较有兴趣？
- **了解**—很了解—了解这个地方—不了解—我对他一点儿也不了解。
- **参加**—参加比赛—参加考试—你参加过面试吗？
- **影响**—影响学习—影响很大—不影响—我只是小感冒，不影响工作。

练习册相关练习：第57页/一/第一部分，第60页/二/第二部分

3 **语言点**

（1）越 A 越 B

① 语言点解析

"越 A 越 B"表示 B 随着 A 的变化而变化。其中 A 一般是动词，B 一般是形容词。

| 越＋动词＋越＋形容词 |

② 语言点导入

教师可利用本课热身2导入语言点。

教师：他吃得越来越多还是越来越少？

学生：他吃得越来越多。

教师引导学生说出：他越吃越多。

教师带领学生熟悉表格左栏内容，学生两人一组，合作完成热身2。

③ 语言点操练

教师可根据本课热身2表格操练语言点。

目标句：语法越学越难/容易/多/有意思。

　　　　我做饭越做越好 / 好吃 / 不好吃 / 快。

　　　　越跑越累 / 快 / 慢。

　　　　篮球越打越好。

④ 语言点扩展练习

　　教师根据实际情况提问，请学生回答。

　　教师：请你给我介绍一本书，说说为什么？

　　学生：我介绍你看……，因为越看越好看 / 喜欢 / 有意思。

　　教师：明年你还学汉语吗？为什么？

　　学生：我……，因为越学越……。

> 注意：
> 　　当有两个主语时，两个主语分别放在"越"的前边。如"汉语越难，我越觉得有意思""天气越热，我越不想出去"。

（2）比较句1：A 跟 B 一样（+形容词）

① 语言点解析

　　"A 跟 B 一样"表示 A 和 B 两者相比较，结果相同。后边可以用形容词表示比较的某一方面，如"一样大"表示大小相同。否定式是在"一样"的前边加"不"。

　　　A+ 跟 +B+ 一样 / 不一样

　　　A+ 跟 +B+ 一样 / 不一样 + 形容词

② 语言点导入

　　教师可利用本课热身1导入语言点。

　　教师展示图片（1）：姐姐和妹妹衣服一样吗？

　　学生：她们的衣服一样。

　　教师引导学生说出：姐姐的衣服跟妹妹的一样。

　　教师展示图片（6）：哥哥和弟弟一样胖吗？

　　学生：他们不一样胖。

　　教师引导学生说出：哥哥跟弟弟不一样胖。

③ 语言点操练

　　教师可利用热身1的图片（2）(3)(4)(5)进行操练。

　　目标句：第一辆汽车的颜色跟第二辆不一样。

　　　　　前边的房子和后边的房子一样。

　　　　　左边的天气和右边的天气不一样。

　　　　　左边的杯子跟右边的杯子一样大。

④ 语言点扩展练习

教师可就地取材，让全班同学比较两位学生的身高、年龄、爱好等。

学生 A 跟学生 B 一样高 / 不一样高。

学生 A 跟学生 B 一样大 / 不一样大。

学生 A 的爱好跟学生 B 一样 / 不一样。

学生 A 的字写得跟学生 B 一样漂亮。

> 注意：
> "A 跟 B 一样 / 不一样 + 形容词"中，B 中的中心语可以省略。如"这件衣服跟那件衣服一样好看"可以说成"这件衣服跟那件一样好看"。

4 课文

课文 1

（1）让学生听两遍录音并回答下列问题：

大山觉得马可的中文怎么样？——他觉得马可的中文越说越好。

马可觉得谁的汉语好？——他觉得王静说得更好。

王静的中文怎么好？——她说得跟中国人一样好。

王静是谁？——是马可的中文老师。

（2）教师领读课文两遍，让学生分角色朗读课文。

（3）模仿练习

学生两人一组，根据提示词模仿课文内容进行对话练习。

A：……，你……越……越……了。

B：哪里哪里，……更好。

A：怎么好？

B：他 / 她……跟……一样……。

A：……？我怎么没……？

B：他 / 她是……。

课文 2

（1）让学生听两遍录音并回答下列问题：

女的（小丽）为什么不让男的（小刚）吃蛋糕了？——因为他已经吃三块了。

小丽担心什么？——她担心小刚越吃越胖。

小刚为什么一定不会变胖？——因为他们家的人都很瘦，吃不胖。

（2）教师领读课文两遍，让学生分角色朗读课文，注意说话人的语气。

（3）教师给提示词，带领学生复述课文。

提示词：别……了、最后、总是、越……越……、放心、一定、吃不胖

课文 3

（1）让学生听两遍录音并回答下列问题：

女的（小丽）为什么害怕？——因为山越高，路越难走，她也越爬越冷。

男的（小刚）为什么让小丽别担心？——因为他对这个地方比较了解。

小刚和小丽现在要做什么？——他们打算先休息一下，一会儿再爬。

他们一会儿怎么上去？——他们一会儿从中间那条路上去。

（2）教师领读课文两遍，让学生分角色朗读课文，注意说话人的语气。

（3）教师给提示词，带领学生复述课文。

提示词：有点儿、越……越……、别担心、比较、了解、先、中间

课文 4

（1）让学生听两遍录音并回答下列问题：

小明的眼睛怎么了？——他的眼睛跟大熊猫一样。

为什么——因为他这几天脚疼，没休息好。

医生让小明做什么？——医生让小明多休息。休息得越多，好得越快。

小明能参加下个月的篮球比赛吗？——他一定能参加，一点儿影响也没有。

（2）教师领读课文两遍，让学生分角色朗读课文。

（3）模仿练习

学生两人一组，根据提示词模仿课文内容进行对话练习。

A：……，你的……怎么跟……一样了？

B：我……，没……。

A：……了吗？……？

B：……让我……。……得越……，……得越……。

A：……，你能……吗？

B：一定……，一点儿……也没有。

练习册相关练习：第63页/四

5 汉字

形声字 1：

① 知识点解析：

现代汉语中，70% 左右的汉字都是形声字，形声字由形旁和声旁两部分组成。形旁提示汉字的意思，声旁提示汉字的发音。本课介绍左右结构的形声字，包括左形右声和右形左声。

提示：

  教师逐一展示课本第78页左形右声表格中的字，请学生分别读出形旁和声旁，说说形旁的意思。

  妈：形旁是"女"，意思是女人；声旁是"马"(ma)。

  住：形旁是"亻"，意思是跟人有关系；声旁是"主"(zhu)。

  请学生归纳这些汉字的结构——声旁与形旁的位置：

  "妈""住"的右边是声旁（发音），左边是形旁（意思）。

  教师展示更多左形右声的汉字，请学生说出形旁与声旁，如：吗、骑、请。

  教师逐一展示课本第78页右形左声表格中的字，请学生分别读出形旁和声旁，说说形旁的意思。

  放：形旁是"攵"，意思是手；声旁是"方"(fang)。

  邻：形旁是"阝"，意思是国家、地方；声旁是"令"(ling)。

  请学生归纳这些汉字的结构——声旁与形旁的位置：

  "放""邻"的左边是声旁（发音），右边是形旁（意思）。

  教师展示更多右形左声的汉字，请学生说出形旁与声旁，如：静、瓶。

② 汉字练习

- 教师板书或者用手指在空中书写本课形声字"妈、住、放、邻"，带领学生一起识记形声字的笔画笔顺。
- 请学生用本课所学形声字组词或扩展成短语：

  参考答案：

  妈：妈妈

  住：住在北京、住了三年

  放：放在桌子上、放好

  邻：邻居

旧字新词：

① 教师领读以前学过的词语和新词，并让学生猜猜新词的意思。

- 领读：上课、中间、课间

  问学生："课间"是什么意思？——两节课中间休息的时间。
- 领读：爬山、路上、山路

  问学生："山路"是什么意思？——爬山的时候走的路。
- 领读：参加、比赛、参赛

  问学生："参赛"是什么意思？——参加比赛

  扩展提问：还有什么"赛"？——大赛、球赛、赛前、赛后、赛跑、赛车。（根据实际情况选用）

② 教师领读新词扩展，通过情景，理解新词的意思和用法：

课间：课间休息 / 课间十分钟 / 课间你会做什么？

山路：走山路 / 山路难走 / 你走过山路吗？

参赛：参赛时间 / 打算参赛 / 参赛的学生我一个也不认识。

汉字辨认练习：

辨认下列汉字并组词。

{担：_____、_____　　{较：_____、_____
 但：_____、_____　　 校：_____、_____

{间：_____、_____　　{文：_____、_____
 问：_____、_____　　 丈：_____、_____

{加：_____、_____
 咖：_____、_____

练习册相关练习：第63页 / 三 / 第三部分

6 补充课堂活动——找不同

教师准备两张相似的图片，将学生分成两组看图片，依次说出两张图片中相同与不同的地方，比比哪组说得又对又多。

7 俗语

教师引导学生理解俗语的含义，注意这里的"三人"并不一定指三个人，而是指多个人。"师"也不一定指老师，而是有的地方比自己好的人。比如：三人行，必有我师。我从同学们身上学到了很多东西。

8 本课小结

- 语言点：用"A 跟 B 一样（+ 形容词）"表示比较
  　　　　用"越 A 越 B"表示 B 随着 A 的变化而变化
- 汉　字：形声词（左右结构）
  　　　　旧字新词：课间、山路、参赛

10 数学比历史难多了

一、教学内容和教学目标

重点词语	学生能够熟练掌握："骑、换、地方、主要、环境、附近"的词义和用法
语言点	学生能够了解并掌握： （1）"A比B+形容词+一点儿/一些/得多/多了"表示事物之间的差别程度 （2）两个数词连用表达概数
汉字	学生能够： 根据已学生词猜测出3个旧字新词"换季、地面、主菜"的意思
功能	学生能够： （1）根据两者之间的差别程度使用比较句 （2）描述大概的数量

二、教学步骤

▇ 复习旧课

1 教师展示第9课的热身图片，请学生根据图片说出生词。

2 教师根据第9课的内容进行提问。

（1）你学了多长时间汉语了？现在怎么样？
（2）听、说、读、写都一样难吗？哪个容易？哪个难？
（3）公共汽车很长时间不来，你会觉得怎么样？
（4）你的爱好是什么？你妈妈呢？你们一样吗？
（5）我们班有没有一样高的同学？说说他们是谁。

▇ 学习新课

1 热身

　　热身1：教师可依次朗读热身部分的词语，要求学生集体或单个说出图片对应的编号，教师评判正误；最后全体学生再次齐读热身环节的所有词语，要求语音标准、声调准确。

　　答案：①C　②F　③D　④E　⑤B　⑥A

　　热身2：可留至语言点（1）"比较句2：A比B+形容词+一点儿/一些/得多/多了"导入时使用。

2 生词

（1）生词快速认读及正音

个子、矮、历史、体育、数学、方便、自行车、骑、旧、换、地方、中介、主要、环境、附近

- 教师先带领学生快速认读一遍生词；
- 取消拼音，带领学生再次认读；
- 请单个学生独自认读2-3个生词；
- 最后全班再快速认读所有的生词。

（2）生词讲解方式

- 直观法（如图片、照片、实物等）展示：个子、历史、体育、数学、自行车
- 对比法展示：高—矮、新—旧
- 启发式引导：方便

  教师给出句子部分内容让学生进行补充，如：他家楼下有一家超市，所以买东西很方便。

（3）重点生词扩展及常用搭配

骑—骑自行车—你会骑自行车吗？

换—换一辆自行车—换一个手机—旧书换新书

地方—这个地方—什么地方—每个地方都很漂亮。

主要—主要学习语法—现在天气越来越不好，主要是环境的问题。

环境—环境很好—公司的环境—学习环境—我们学校的学习环境很不错。

附近—我家附近—附近的环境—请问，这儿附近有超市吗？

练习册相关练习：P64/一/第一部分，P67/二/第二部分

3 语言点

（1）比较句2：A 比 B+ 形容词 + 一点儿 / 一些 / 得多 / 多了

① 语言点解析

"一点儿""一些""得多""多了"等词可以用于"比"字句中形容词的后边，表示事物之间的差别程度，"一点儿"和"一些"表示差别的程度不大，"得多"和"多了"表示差别的程度很大，否定形式为"A 没有 B（+ 这么 / 那么）+ 形容词"。

> A 比 B+ 形容词 + 一点儿
>
> A 比 B+ 形容词 + 一些
>
> A 比 B+ 形容词 + 得多
>
> A 比 B+ 形容词 + 多了
>
> A 没有 B（这么 / 那么）+ 形容词

② 语言点导入

教师可利用本课热身2导入语言点。

教师请学生完成填空，复习以前学过的形容词。

答案：新—旧　高—低　难—容易　远—近　贵—便宜　胖—瘦

教师给出情景，引导学生说出本课的目标句：

教师：大卫1米9，小丽1米5，他们谁高？

学生：大卫比小丽高。

教师：大卫比小丽高一点儿还是高多了？

学生：大卫比小丽高多了。

③ 语言点操练

教师给出情景，练习四种形式的比较句及其否定形式。

例如：

这个本子20块，那个本子18块。

学生：这个本子比那个本子贵一点儿。

　　　这个本子比那个本子贵一些。

　　　那个本子没有这个本子贵。

这本书89块，那本书18块。

学生：这本书比那本书贵多了。

　　　这本书比那本书贵得多。

　　　那本书没有这本书贵。

④ 语言点扩展练习

教师可根据学生实际情况进行问答练习。

你觉得历史难还是数学难？

你觉得今天的作业多还是昨天的作业多？

你觉得可乐好喝还是咖啡好喝？

> 注意：
> 　　本句型中的形容词前一般不能再有程度副词的修饰。

（2）概数的表达

① 语言点解析

相邻两个数词连用可以表达概数，例如"三四个"表示"三个或者四个"。

② 语言点导入

教师就地取材，收集几本学生的汉语书，引导学生说出目标句：

教师：（不给学生看清楚具体多少本）这是多少本汉语书？

学生1：六本。

学生2：七本。

教师：六本或者七本，老师有六七本汉语书。

③ 语言点操练

教师给出情景，请学生完成句子。

例如：楼下有八辆或者九辆自行车。——楼下有八九辆自行车。

这些东西要三十或者四十块钱。

他买了四瓶或者五瓶牛奶。

④ 语言点扩展练习

教师提问，请学生用概数回答。

你昨天学习了多长时间？

你昨晚睡了几个小时？

你现在身上有多少钱？

> 注意：
> 相邻的两个数字如果是"九十"则表示确定的数"90"，而不是概数。

4 课文

课文1

（1）让学生听两遍录音并回答下列问题：

大山和马可谁高？——马可比大山高一点儿。

大山和马可谁大？——大山比马可大两岁。

大山和马可谁的汉语说得更好？——马可比大山说得更好一些。

（2）教师领读课文两遍，让学生分角色朗读课文，注意说话人的语气。

（3）模仿练习

学生两人一组，根据提示词模仿课文内容进行对话练习。

A：……，你和……个子高？

B：……比我高，我比……。

A：那你们……？

B：我比……。

A：你们谁……？

B：……比我……，我的……。

课文2

（1）让学生听两遍录音并回答下列问题：

男的喜欢什么课？——他喜欢历史课、体育课。

男的为什么不喜欢数学课？——他觉得数学比历史难多了。

他们要每天一起学多长时间？——他们要每天一起学一两个小时。

（2）教师领读课文两遍，让学生分角色朗读课文。

（3）模仿练习

学生两人一组，根据提示词模仿课文内容进行对话练习。

A：我喜欢……，不喜欢……。

B：为什么？……也……。

A：我觉得……，我……。

B：别……，我可以……。

A：好，我们每天……？

B：……吧。

课文3

（1）让学生听两遍录音并回答下列问题：

女的为什么比以前来得早多了？——因为她搬家了，走路二十分钟就到。

女的打算买什么？——她打算买一辆自行车。

换自行车贵不贵？多少钱？——不贵，很便宜，两三百块钱。

（2）教师领读课文两遍，让学生分角色朗读课文。

（3）教师给提示词，带领学生复述课文。

提示词：最近、比、搬家、方便、自行车、换、便宜

课文4

（1）让学生听两遍录音并回答下列问题：

哪个房子大一些？——学校外边的房子比学校里边的大一些。

男的觉得什么很重要？——他觉得环境更重要。

哪个房子更方便？——学校里边的房子比学校外边的方便一些。

（2）教师领读课文两遍，让学生分角色朗读课文，注意说话人的语气。

（3）教师给提示词，带领学生复述课文。

提示词：房子、一样、大、环境、安静、方便、车站

练习册相关练习：第70页/四

5 汉字

旧字新词：

① 教师领读以前学过的词语和新词，并让学生猜猜新词的意思。

- 领读：换、季节、换季

    问学生："换季"是什么意思？——换季节，季节变了。

- 领读：地方、上面、地面

    问学生："地面"是什么意思？——地的上面。

    扩展提问：地面的下边怎么说？——地下。（根据实际情况选用）

- 领读：主要、菜、主菜

    问学生："主菜"是什么意思？——吃饭的时候，主要吃的菜。

② 教师领读新词扩展，通过情景，理解新词的意思和用法。

换季：换季了 / 换季的衣服 / 什么时候换季？

地面：地面上 / 地面上很干净 / 昨天下雨了，现在地面上有很多水。

主菜：不吃主菜 / 今天的主菜是什么？/ 今天的主菜很好吃。

汉字辨认练习：

辨认下列汉字并组词。

自：_____、_____ 数：_____、_____
白：_____、_____ 楼：_____、_____

更：_____、_____ 骑：_____、_____
史：_____、_____ 椅：_____、_____

育：_____、_____
有：_____、_____

练习册相关练习：第 70 页 / 三 / 第三部分

6 补充课堂活动——我来做，你来猜

活动规则：A、B 两个同学一组到教室前边完成，教师给 A 同学和其他同学出示词语卡片，B 同学不能看。A 同学要用动作表演出卡片上词语的内容，B 同学根据 A 同学的表演猜出这个词语是什么，并用这个词语说一个句子。

参考词语：个子、矮、体育、历史、数学、骑自行车、换手机、三四块钱……

7 俗语

教师引导学生理解俗语的含义，注意这里的"语"是"说"的意思，这句俗语的意思主要是强调变化大、变化快。

8 本课小结

- 语言点：用"A 比 B + 形容词 + 一点儿 / 一些 / 得多 / 多了"表示差异程度

  用相邻数词表示概数
- 汉　字：旧字新词：换季、地面、主菜

文化：中国人结婚时穿什么

1 文化点解析

① 中国人崇尚红色，因为它象征着喜庆和活力，所以传统的婚礼服饰是红色的，逢年过节，人们也喜欢用红色来进行装饰。

② 中国人与西方人对颜色的看法不同，中国人相信主管杀戮的神是白虎神，认为白色象征着死亡、凶险。但是西方人却认为白色象征着纯洁、高雅，因此西方人结婚时喜欢穿白色的婚纱。

③ 西方人穿白色婚纱的习俗在一百多年前传入中国，并被许多中国人接受，因此，我们现在也经常看到中国新娘结婚时穿白色的婚纱，这表现了中国文化和西方文化的融合。

2 文化点参考处理方式

- 教师介绍中国人的思想观念中红色和白色的象征意义。
- 请学生说说自己国家的思想观念中，红色和白色的象征意义。
- 教师请学生说说其他中国文化和西方文化融合的例子。

11 别忘了把空调关了

一、教学内容和教学目标

重点词语	学生能够掌握： "借、还、双、口、电子邮件"的词义和用法
语言点	学生能够了解并掌握： （1）"把"字句表示命令与请求 （2）名词"左右"表示概数
汉字	学生能够： 根据已学生词猜测出3个旧字新词"字典、运动会、开会"的意思
功能	学生能够： （1）用"把"字句表示命令与请求 （2）用"左右"表示概数

二、教学步骤

一 复习旧课

1 教师展示第10课的热身图片，请学生根据图片说出生词。

2 教师根据第10课的内容进行提问。

（1）你在这个地方住了多久了？你喜欢这儿吗？
（2）我们每课的新词多不多？有几个？
（3）你做的饭好吃还是妈妈做的饭好吃？
（4）旅游的时候，坐飞机好还是坐火车好？为什么？
（5）你觉得在大公司工作好还是在小公司工作好？为什么？

二 学习新课

1 热身

热身1：学生两人一组，合作完成热身1；教师出示热身1的图片，让学生根据图片说出词语，核对答案；最后全体学生齐读热身环节所有词语，要求语音标准，声调准确。

答案：①B ②D ③A ④F ⑤C ⑥E

热身2：可留至语言点（1）"'把'字句1：A把B+动词+……"导入时使用。

2 生词

（1）生词快速认读及正音

图书馆、借、词典、还、灯、会议、结束、忘记、空调、关、地铁、双、筷子、啤酒、口、瓶子、笔记本（电脑）、电子邮件、习惯

- 教师先带领学生快速认读一遍生词；
- 取消拼音，带领学生再次认读；
- 请单个学生独自认读2-3个生词；
- 最后全班一起快速认读所有的生词。

（2）生词讲解方式

- 直观法（如图片、照片、实物等）展示：图书馆、词典、灯、空调、地铁、筷子、啤酒、瓶子、笔记本（电脑）、电子邮件
- 对比法展示：借—还、开始—结束、记得—忘记、开—关

（3）重点生词扩展及常用搭配

借—借书—借了五十块钱—我能借你的手机用一下吗？

还—还书—还钱—你上次借的钱还没还呢。

双—一双筷子—再拿两双筷子来，一会儿来两个朋友吃饭。

口—一口—喝一口—一口酒—你只喝了一小口咖啡，是不是不好喝？

电子邮件—写电子邮件—发电子邮件—你能用汉语给老师发一个电子邮件吗？

练习册相关练习：第71页／一／第一部分，第74页／二／第二部分

3 语言点

（1）"把"字句1：A 把 B+ 动词 +……

① 语言点解析

汉语中，表示对确定的人或确定的事物做出相应处置，可以用"把"字句，其结构为"A 把 B + 动词 + ……"。动词后最简单的其他成分就是"了"，这种"把"字句多用于对别人的请求、命令的情境中。

> A 把 B+ 动词 + 其他成分（如"了"）

② 语言点导入

教师可利用本课热身2导入语言点。

答案：①D ②A ③B ④C

教师：你想请朋友关灯，怎么说？

学生：请关灯。

教师引导学生说出：请把灯关了。

③ 语言点操练

教师可利用本课热身2操练语言点。

教师展示图片并提问。

教师：我们要出去，空调还开着，你应该说什么？

学生：请把空调关了。

目标句：请把空调关了。

请把衣服洗了。

请把书还了。

④ 语言点扩展练习

教师给出情境，请学生两人一组，一人说，一人做。

在医院，医生请病人吃药、喝水。

在家，妻子请丈夫做饭、洗衣服。

在教室，老师请学生关手机、写作业。

在办公室，经理请秘书关门、关电脑。

> 注意：
> "A 把 B+ 动词 +……"格式中，A 为动作的发出者，B 为动词涉及的对象，必须是特指或已知的。

（2）概数的表达 2：左右

① 语言点解析

汉语中，"左右"用在数字后面表示概数。如：三点左右，五个左右，十年左右。

② 语言点导入

教师根据实际情况，提问并引入语言点。

教师：你今天是什么时候到教室的？

学生：早上八点左右。

③ 语言点操练

教师可利用热身 1 的图片 A、B、F，热身 2 的图片（3）(4) 进行操练。

目标句：一个空调两千块左右。

一本词典五十块左右。

地铁三分钟左右就来一次。

明天我打算上午十点左右洗衣服。

我昨天是下午两点左右去图书馆的。

④ 语言点扩展练习

教师可根据实际情况提问，请学生回答。

你每天几点睡觉？周末呢？

你觉得老师今年多大？

4 课文

课文1

（1）让学生听两遍录音并回答下列问题：

男的为什么要先走？——他要去图书馆借本书。

女的请男的做什么？——请男的帮她把词典还了。

男的让女的做什么？——离开教室的时候把灯关了。

（2）教师领读课文两遍，让学生分角色朗读课文。

（3）模仿练习

学生两人一组，根据提示词模仿课文内容进行对话练习。

A：我先……。

B：你去哪儿？

A：我……。

B：帮我把……。

A：好，……的时候，记得把……。

B：好的，放心吧。

课文2

（1）让学生听两遍录音并回答下列问题：

男的对女的说什么？——会议结束后，别忘记把空调关了。

女的告诉男的什么事儿？——王经理两点左右来了个电话。

王经理现在在哪儿？——王经理正坐地铁来他们公司。

（2）教师领读课文两遍，让学生分角色朗读课文。

（3）教师给提示词，带领学生复述课文。

提示词：结束、把……V了、左右、来电话、地铁

课文3

（1）让学生听两遍录音并回答下列问题：

女的（妈妈）让男的（儿子）做什么？——妈妈让儿子再拿一双筷子。

妈妈今天为什么做了那么多菜？——因为今天是爸爸的生日。

儿子做错了什么？——他把爸爸的生日忘了。

他们今天能喝啤酒吗？为什么？——他们不能喝。因为医生一口酒都不让爸爸喝。

（2）教师领读课文两遍，让学生分角色朗读课文，注意说话人的语气。

（3）模仿练习

学生两人一组，根据提示词模仿课文内容进行对话练习。

A：还差……，你去……。

B：今天怎么……？

A：今天是……。

B：真的啊？我把……。那……吧。

A：医生说……，别……。

课文 4

① 快速阅读，并回答：我现在有什么习惯？

② 教师领读课文两遍，并回答下列问题：

这个电脑是什么时候买的？多少钱？——这个电脑是去年买的，五千块左右。

"我"现在有什么打算？——"我"想把这个电脑卖了，再买一个更好的。

"我"每天起床后第一件事是什么？——第一件事是打开电脑，看电子邮件。

③ 教师给提示词，带领学生复述课文。

提示词：去年、左右、更好的、打开、电子邮件、习惯

④ 教师请学生根据课文，说说自己用什么学习、工作，有什么习惯。

练习册相关练习：第77页／四

5 汉字

旧字新词：

① 教师领读以前学过的词语和新词，并让学生猜猜新词的意思。

- 领读：字、词典、字典
  问学生：什么时候用"字典"？——不会写字、不知道字怎么读的时候。
- 领读：运动、会议、运动会
  问学生："运动会"的时候做什么？——比赛。
  扩展提问：还有什么"会"？——音乐会、晚会、舞会、年会、迎新会。（根据实际情况选用）
- 领读：开、会议、开会
  问学生：谁经常"开会"？——经理、秘书、老师。

② 教师领读新词扩展，通过情景，理解新词的意思和用法：

字典：一本字典／买字典／电子字典／你有汉语字典吗？

运动会：开运动会／运动会要开始了／你们学校什么时候开运动会？

开会：开一个会／开半个小时会／开会的时候请把手机关了。

汉字辨认练习：

辨认下列汉字并组词。

$\begin{cases} 周：\underline{\qquad}、\underline{\qquad} \\ 调：\underline{\qquad}、\underline{\qquad} \end{cases}$ $\begin{cases} 关：\underline{\qquad}、\underline{\qquad} \\ 天：\underline{\qquad}、\underline{\qquad} \end{cases}$

$\begin{cases} 还：\underline{\qquad}、\underline{\qquad} \\ 这：\underline{\qquad}、\underline{\qquad} \end{cases}$ $\begin{cases} 快：\underline{\qquad}、\underline{\qquad} \\ 筷：\underline{\qquad}、\underline{\qquad} \end{cases}$

$\begin{cases} 借：\underline{\qquad}、\underline{\qquad} \\ 错：\underline{\qquad}、\underline{\qquad} \end{cases}$

练习册相关练习：第77页/三/第三部分

6 补充课堂活动——根据词卡写句子

4-5个学生一组，小组内A→B、B→C、……、E→A，每人请同伴帮自己做一件事，要求用上"把"字句。

7 俗语

教师引导学生理解俗语的含义，注意这里的"贵"的意思不是价格很贵，"贵人"是一种尊敬的用法。这句话是对别人说的，一般不对自己说。如：您真是贵人多忘事，这么快就把我的名字忘了。

8 本课小结

- 语言点：用"把"字句表示命令与请求
  用"左右"表示概数
- 汉　字：旧字新词：字典、运动会、开会

12 把重要的东西放在我这儿吧

一、教学内容和教学目标

重点词语	学生能够熟练掌握： "生气、发现、起飞、教、画、需要"的词义和用法
语言点	学生能够了解并掌握： （1）副词"才"和"就"的区别 （2）"把"字句表示物体位置上的变化或关系上的转移
汉字	学生能够： 根据已学生词猜测出3个旧字新词"钱包、电子邮箱、箱子"的意思
功能	学生能够： （1）用"才"和"就"描述主观认为动作的早晚快慢 （2）用"把"字句描述位置上的改变和关系上的转移

二、教学步骤

复习旧课

1 教师展示第11课的热身图片，请学生根据图片说出生词。

2 教师根据第11课的内容进行提问。
（1）你有事不能去图书馆，请朋友帮你还书，该怎么说？
（2）夏天的晚上，出门的时候你要做什么？
（3）你习惯用电脑做什么？
（4）昨天你学了多长时间的汉语？
（5）比较贵的手机多少钱一个？比较便宜的呢？你觉得我买哪个比较好？

学习新课

1 热身

热身1：教师可依次出示热身部分的词语卡片，要求学生集体认读并请单个学生说出对应图片的编号，教师评判正误；最后全体学生齐读热身环节所有词语，要求语音标准，声调准确。

答案：①C　②F　③B　④A　⑤D　⑥E

热身2：可留至语言点（2）"'把'字句2:A把B+动词+在/到/给……"导入时使用。

2 生词

（1）生词快速认读及正音

太阳、西、生气、行李箱、自己、包、发现、护照、起飞、司机、教、画、需要、黑板

- 教师先带领学生快速认读一遍生词；
- 取消拼音，带领学生再次认读；
- 请单个学生独自认读 2-3 个生词；
- 最后全班一起快速认读所有的生词。

（2）生词讲解方式

- 直观法（如图片、照片、实物等）展示：太阳、西、行李箱、包、护照、司机、画（n.）、黑板
- 肢体展示：自己、画（v.）

（3）重点生词扩展及常用搭配

生气—很生气—我忘了爸爸的生日，他很生气。
　　—不生气—这件事是我错了，你别生气。
发现—发现了—没发现—我昨天发现了一个饭菜很好吃的饭馆。
起飞—飞机起飞—八点起飞—飞机就要起飞了，请您坐好。
教—教我—教汉语—谁教你们画画儿？
画—画画儿—画一张画儿—他会画中国画儿。
　—画得好—你画画儿画得怎么样？
需要—需要铅笔—需要照顾—去旅游，需要带什么东西？

练习册相关练习：第 78 页／一／第一部分，第 81 页／二／第二部分

3 语言点

（1）"才"和"就"

① 语言点解析

"才"放在动词前做状语，表示说话人认为动作发生得晚，进行得慢、不顺利。"就"放在动词前做状语，表示说话人认为动作发生得早，进行得快、顺利。

> 才 + 动词

> 就 + 动词

② 语言点导入

教师在黑板上写出三个句子，引发学生比较并思考，引导学生理解目标句。

8：30 上课。

大山 7：00 来了。

马可 9：30 来了。

教师：他们谁来得早？谁来得晚？

学生：大山来得早，马可来得晚。

教师：你们觉得大山来得早，可以说"大山七点就来了"，你们觉得马可来得晚，可以说"马可九点半才来"。

③ 语言点操练

教师利用对比法，给出短语，请学生说句子：

我早上五点起床，他早上九点起床——我早上五点就起床了，他九点才起床。

坐飞机一个小时到，坐火车八个小时到

我作业写了二十分钟，他写了两个小时

我感冒三天好了，他一个星期好了

昨天我5点回家，妈妈8点回家

④ 语言点扩展练习

教师提问，请学生根据实际情况回答。

昨天你学了几个小时汉语？

上周六你几点睡觉？

你打算什么时候结婚？

> 注意：
> "才"和"就"表示的早晚是主观的感觉，例如，我平时早上十点起床，今天九点半起的，就可以说"今天我九点半就起床了"，表达"九点半起床很早"的意思。"才V"后可不加"了"。

（2）"把"字句2：A 把 B+ 动词 + 在 / 到 / 给……

① 语言点解析

"把"字句在动词后加上"在/到+地点"表示对确定的人或事物做出相应动作，使其发生位置上的改变；动词后加上"给+对象"表示通过动作使某确定事物发生关系上的转移。

| A 把 B+ 动词 + 在 / 到 + 地点名词 |

| A 把 B+ 动词 + 给 + 对象 |

② 语言点导入

教师可利用本课热身2的表格导入语言点。

教师带领学生认读表格中的名词。

教师示范：

教师：铅笔，你会放在哪儿？

学生：我会放在桌子上。

教师引导学生说出目标句：我把铅笔放在桌子上。

③ 语言点操练

教师可利用热身2的表格操练语言点。

学生向教师提问，教师作答后，请学生说出目标句。

目标句：我把衣服放在床上了。

我把照片放到钱包里了。

我把钱包给太太了。

我把护照放在家里了。

我把笔记本电脑放在桌子上了。

④ 语言点扩展练习

教师利用热身2，让学生两人一组互相询问并回答。

> 注意：
> "把"字句的宾语是定指的，例如不能说"我把一本书放在桌子上了"。

4 课文

课文 1

（1）让学生听两遍录音并回答下列问题：

男的（小刚）以前几点睡觉？——他以前都要12点以后才睡觉。

小刚明天几点要到公司？——他明天8点就要到公司。

小刚明天为什么要这样做？——他的经理生气了，经理告诉他，明天8点不到，以后就不用去了。

（2）教师领读课文两遍，让学生分角色朗读课文，注意说话人的语气。

（3）模仿练习

学生两人一组，根据提示词模仿课文内容进行对话练习。

A：今天太阳……？

B：怎么了？

A：你怎么……了？以前都要……。

B：我明天……

A：有事吗？

B：……。

课文 2

（1）让学生听两遍录音并回答下列问题：

男的（小刚）明天要做什么？——他要跟周经理去外地办事。

小刚什么时候回来？——他一个星期以后回来。

女的（小丽）帮他做什么了？——她帮小刚把衣服放到行李箱里，把她的照片放在小刚的包里了。

（2）教师领读课文两遍，让学生分角色朗读课文。

（3）模仿练习

学生两人一组，根据提示词模仿课文内容进行对话练习。

A：我要……，明天的……。

B：那我帮你……。什么……回来？

A：……回来。

B：啊？……才回来？

A：你要……，我已经……。

B：好吧。我已经……。

课文 3

（1）让学生听两遍录音并回答下列问题：

第二个人（小刚）什么时候发现忘带护照的？——他来机场的路上才发现忘带护照的。

小刚还忘记带什么了？——他忘记带钱包了。

周经理建议他怎么做？——建议他把重要的东西放在自己这儿。

（2）教师领读课文两遍，让学生分角色朗读课文，注意说话人的语气。

（3）教师给提示词，带领学生复述课文。

提示词：机场、发现、护照、起飞、司机、钱包、重要

课文 4

（1）快速阅读，并回答："我"为什么生气？

（2）教师领读课文两遍，并回答下列问题：

"我"教学生什么？——"我"教学生画画儿。

每次下课前，"我"会做什么？——"我"会把下次学生需要带的东西写在黑板上。

（3）教师给提示词，带领学生复述课文。

提示词：中学、教、画、下课前、需要、黑板、忘了、生气、不是……而是……

（4）教师请学生根据课文，说一个自己老师生气的故事。

练习册相关练习：第 84 页／四

5 汉字

旧字新词：

① 教师领读以前学过的词语和新词，并让学生猜猜新词的意思。

- 领读：钱、包、钱包

问学生："钱包"是什么意思？——放钱的包。

扩展提问：我们学习过哪些"包"？——书包、钥匙包、卡包、公文包。（根据实际情况选用）

- 领读：电子邮件、行李箱、电子邮箱
  问学生："电子邮箱"是什么意思？——放电子邮件的地方。
- 领读：行李箱、杯子、箱子
  问学生："箱子"是什么意思？——放东西的东西。

② 教师领读新词扩展，通过情景，理解新词的意思和用法：
钱包：我的钱包 / 钱包里 / 我的钱包里有女朋友的照片。
电子邮箱：电子邮箱里 / 发到电子邮箱 / 我的电子邮箱里没有你的邮件。
箱子：一个箱子 / 箱子里 / 我把夏天的衣服放到箱子里了。

汉字辨认练习：

辨认下列汉字并组词。

{ 已：_____、_____   { 起：_____、_____
  己：_____、_____   超：_____、_____

{ 司：_____、_____   { 气：_____、_____
  同：_____、_____   汽：_____、_____

{ 现：_____、_____
  视：_____、_____

练习册相关练习：第84页 / 三 / 第三部分

6 **补充课堂活动——布置会议场所**

教师将全班分成两组，每组根据板书提示，写下来怎么布置会场，看看哪组布置得又好又快。

板书提示：把、咖啡、茶、水、杯子、笔记本、笔、椅子、桌子、空调、灯、电脑……

7 **俗语**

教师引导学生理解俗语的含义，注意这里的"自然"表示的是自然的事，一件事情做多了，就变成了自然的事。例如，我现在吃完晚饭都会去外边走走，习惯成自然了。

8 **本课小结**

- 语言点：用"才"和"就"表示人的主观感受
  用"把"字句表示事物位置或关系的转移
- 汉　字：旧字新词：钱包、电子邮箱、箱子

13 我是走回来的

一、教学内容和教学目标

重点词语	学生能够熟练掌握："终于、遇到、过去、一般、坏、经常"的词义和用法
语言点	学生能够了解并掌握： （1）复合趋向补语描述动作的方向 （2）"一边……一边……"表示两个动作同时进行
汉字	学生能够： （1）了解上下结构的形声字 （2）根据已学生词猜测出 3 个旧字新词"红酒、班长、遇见"的意思
功能	学生能够： （1）用复合趋向补语描述动作的方向 （2）用"一边……一边……"表示两个动作同时进行

二、教学步骤

▎复习旧课

1 教师展示第 12 课的热身图片，请学生根据图片说出生词。

2 教师根据第 12 课的内容进行提问。
（1）搬到新家，你打算怎么放你的东西？
（2）旅游的时候，是谁把你送到机场的？
（3）什么东西可以借给朋友，什么东西不行？
（4）昨天学的东西你用了多长时间学会的？
（5）哪个字难写？哪个字容易写？你用了多长时间学会的？

▎学习新课

1 热身

热身 1：学生两人一组，合作完成热身 1；教师出示热身 1 的图片，让学生根据图片说出词语，核对答案；最后全体学生齐读热身环节所有词语，要求语音标准，声调准确。
答案：①F　②E　③D　④A　⑤C　⑥B
热身 2：语言点（2）"一边……一边……"导入时使用。

2 生词

（1）生词快速认读及正音

终于、爷爷、礼物、奶奶、遇到、一边、过去、一般、愿意、起来、应该、生活、校长、坏、经常

- 教师先带领学生快速认读一遍生词；
- 取消拼音，带领学生再次认读；
- 请单个学生独自认读 2-3 个生词；
- 最后全班一起快速认读所有的生词。

（2）生词讲解方式

- 直观法（如图片、照片、实物等）展示：礼物
- 对比法展示：爷爷—奶奶、过去—以前
- 启发式引导：一般、愿意、应该

　　下了课，你一般去哪儿吃午饭？——我<u>一般</u>回家做饭吃。

　　我要搬家了，你可以帮我吗？——我<u>愿意</u>帮你。

　　开会的时候，能不能打电话？——开会的时候<u>应该</u>把手机关了。

（3）重点生词扩展及常用搭配

　　终于—终于回来了—终于考完了—终于可以休息一下了。

　　遇到—遇到朋友—在咖啡店遇到他—遇到老朋友，你会说什么？
　　　　—没遇到

　　过去—过去的事—过去的生活—过去，我住在一个很小的房子里。

　　一般—周末我一般在家。——一般我回了家就看电视。

　　坏—累坏了—饿坏了—忙了一天，我累坏了。

　　经常—经常喝茶—经常出差—他忙的时候，经常不吃午饭。

练习册相关练习：第 85 页 / 一 / 第一部分，第 88 页 / 二 / 第二部分

3 语言点

（1）复合趋向补语

① 语言点解析

　　趋向动词"上、下、进、出、回、过、起"等后边加上简单趋向补语"来""去"以后，可以做别的动词的补语，表示动作的方向，构成复合趋向补语，对动作进行具体的描述。常用的复合趋向补语有：

来	上来	下来	进来	出来	回来	过来	起来
去	上去	下去	进去	出去	回去	过去	……

② 语言点导入

　　教师就地取材，利用动作引入语法点。

教室从外边走进教室。

教师：老师做什么了？

学生：老师进来了。

教师：老师进什么地方来了？

学生：老师进教室来了。

教师：老师走还是跑进教室来了？

教师引导学生说出：老师走进教室来了。

③ 语言点操练

教师可利用本课热身1的图片进行操练。

如教师展示图片F并提问。

教师：他做什么呢？

学生：他走上楼去。

其他目标句：他从教室走出来了。

　　　　　　他跑过来了。

　　　　　　老师让学生站起来。

　　　　　　他走进教室去。

　　　　　　他走下楼来。

④ 语言点扩展练习

教师请一位学生做动作，其他学生说出句子。

> 注意：
> 　　宾语是处所时，要放在"来""去"之前。宾语是一般事物时，既可放在"来""去"之前，又可放在"来""去"之后，如果动作已经完成并实现，那么宾语往往放在"来/去"后边。比如：爸爸带回来了一些礼物。

（2）一边……一边……

① 语言点解析

"一边……一边……"可以表示两个动作同时进行，比如"一边听音乐一边做作业"表示"听音乐""做作业"这两个动作同时进行。

$$一边 + 动词_1 + 一边 + 动词_2$$

② 语言点导入

教师可利用本课热身2导入语言点。

教师带领学生熟悉所有词语，学生两人一组，合作完成热身2。

教师请学生向自己提问。

学生：老师，您看报纸的时候还做什么？

教师：看报纸的时候，我还喝茶。

教师引导学生说出：老师一边看报纸一边喝茶。

③ 语言点操练

教师可根据本课热身2表格操练语言点。

学生向教师提问，教师回答后，请学生说出目标句。

目标句：上大学的时候，老师每天晚上一边做作业，一边吃饭。

老师一边运动一边听音乐。

在机场，老师一边等人一边看报纸。

老师一边爬山一边跟朋友聊天儿。

老师喜欢一边看电视一边喝咖啡。

④ 语言点扩展练习

教师利用本课热身2，让学生两人一组互相询问并回答。

> 注意：
> "一"可以省略，说成"边……边……"。

4 课文

课文1

（1）让学生听两遍录音并回答下列问题：

男的（小刚）买了什么？是在哪儿买的？——他买回来很多东西，都是从商店买的。

那瓶红酒是给谁买的？——那瓶红酒是给爷爷奶奶的礼物。

小刚送给女的（小丽）什么礼物？——小刚就是礼物。

（2）教师领读课文两遍，让学生分角色朗读课文，注意说话人的语气。

（3）模仿练习

学生两人一组，根据提示词模仿课文内容进行对话练习。

A：你终于……！从哪儿……？

B：都是从……。

A：怎么还……？谁喝啊？

B：这是给……，明天……，……。

A：那我的……？快拿出来……。

B：我不是……？

课文2

（1）让学生听两遍录音并回答下列问题：

那个女人是谁？——是男的的一个老同学。

男的（小刚）和那个女人做什么了？——他们一边喝咖啡一边说了些过去的事。

小刚为什么回来那么晚？——因为没有公共汽车了，他是走回来的。

小刚说他们没聊多久，你觉得呢？——学生自由回答。

（2）教师领读课文两遍，让学生分角色朗读课文。

（3）模仿练习

学生两人一组，根据提示词模仿课文内容进行对话练习。

A：我今天看见……，他/她是谁啊？

B：他/她是……。

A：你们就一起……？

B：是啊，一边……一边……。

A：你……，是……吗？

B：不是。……。

课文 3

（1）让学生听两遍录音并回答下列问题：

小丽和小刚周末经常去看电影吗？——他们很少去电影院，更愿意在家看电视。

小丽为什么觉得在家看电视有意思？——因为可以一边吃一边看，坐久了还可以站起来休息一会儿。

小丽觉得现在的生活怎么样？为什么？——她觉得现在的生活很有意思，因为有小刚在。

（2）教师领读课文两遍，让学生分角色朗读课文，注意说话人的语气。

（3）教师给提示词，带领学生复述课文。

提示词：一般、更愿意、一边……一边……、站起来、有意思

课文 4

（1）快速阅读，并回答："我"现在对丈夫有什么希望？

（2）教师领读课文两遍，并回答下列问题：

刚结婚的时候，"我"丈夫是做什么工作的？——刚结婚的时候，他是中学老师。

丈夫当老师的时候，他的生活怎么样？——那时候，他喜欢每天早上一边吃早饭一边看报纸。

现在丈夫的工作怎么样？——现在他是校长，工作很忙，晚上很晚才回到家。

"我"对丈夫有什么担心？——"我"怕他累坏了。

"我"对丈夫有什么希望？——"我"希望他少一些会议，多一些休息，可以经常和"我"还有孩子在一起。

（3）教师给提示词，带领学生复述课文。

提示词：刚、一边……一边……、校长、累坏、少一些、多一些、经常

（4）教师请学生根据课文，说说自己十年前和现在的学习、工作、生活有什么变化。

练习册相关练习：第91页／四

5 汉字

形声字2：

① 知识点解析：本课介绍上下结构的形声字，包括上形下声、下形上声。

教师逐一展示课本第114页上形下声表格中的字，请学生分别读出形旁和声旁，说说形旁的意思。

爸：形旁是"父"，意思是父亲、爸爸，声旁是"巴"（ba）。

苹：形旁是"艹"，意思是跟植物有关，声旁是"平"（ping）。

请学生归纳这些汉字的结构——声旁与形旁的位置：

"爸""苹"的下边是声旁（发音），上边是形旁（意思）。

教师展示更多上形下声的汉字，请学生说出形旁与声旁，如：空、花、简。

教师逐一展示课本第114页下形上声表格中的字，请学生分别读出形旁和声旁，说说形旁的意思。

想：形旁是"心"，意思是心里很思念，声旁是"相"（xiang）。

努：形旁是"力"，意思是用力，声旁是"奴"（nu）。

请学生归纳这些汉字的结构——声旁与形旁的位置：

"想""努"的上边是声旁（发音），下边是形旁（意思）。

教师展示更多下形上声的汉字，请学生说出形旁与声旁，如：案、基、忘。

② 汉字练习：

教师板书或者用手指在空中书写本课形声字"爸、苹、想、努"，带领学生一起识记形声字的笔画笔顺。

请学生用本课所学形声字组词或扩展成短语：

参考答案：

爸：爸爸

苹：苹果

想：想一想、不想

努：努力

旧字新词：

① 教师领读以前学过的词语和新词，并让学生猜猜新词的意思。

- 领读：红、啤酒、红酒

  问学生：什么是"红酒"？——红葡萄酒。

  扩展提问：还有什么"酒"——白酒、红酒、啤酒。（根据实际情况选用）

- 领读：班、校长、班长
  问学生：我们班"班长"是谁？——学生根据实际情况回答。
  扩展提问：还有什么"长"？——校长、机长、船长。（根据实际情况选用）
- 领读：遇到、看见、遇见
  提示学生："遇到"和"遇见"基本上一样。

② 教师领读新词扩展，通过情景，理解新词的意思和用法：
  红酒：一瓶红酒 / 买红酒 / 喝红酒 / 什么时候你会喝点儿红酒？
  班长：我们班班长 / 班长的工作 / 女班长 / 老师找班长有事。
  遇见：遇见一位朋友 / 遇见好几次 / 昨天回家的路上你遇见谁了？

汉字辨认练习

辨认下列汉字并组词。

$\begin{cases} 场：\underline{\quad}、\underline{\quad} \\ 物：\underline{\quad}、\underline{\quad} \end{cases}$ $\begin{cases} 超：\underline{\quad}、\underline{\quad} \\ 起：\underline{\quad}、\underline{\quad} \end{cases}$

$\begin{cases} 轻：\underline{\quad}、\underline{\quad} \\ 经：\underline{\quad}、\underline{\quad} \end{cases}$ $\begin{cases} 孩：\underline{\quad}、\underline{\quad} \\ 该：\underline{\quad}、\underline{\quad} \end{cases}$

$\begin{cases} 坏：\underline{\quad}、\underline{\quad} \\ 环：\underline{\quad}、\underline{\quad} \end{cases}$

练习册相关练习：第91页 / 三 / 第三部分

6 补充课堂活动——学校的规则

4-5个学生一组，扮演学校的董事会成员，为学校制定规则。例如：不能一边上课，一边吃东西。

7 俗语

教师引导学生理解俗语的含义，注意这里的"轻"不只是重量，还可以指礼物便宜或小。比如：给妈妈画了一张画，祝她生日快乐。虽然不贵，但是"礼轻情意重"。

8 本课小结

- 语言点：用"复合趋向补语"描述动作的方向
  用"一边……一边……"描述同时发生的两个动作
- 汉　字：形声字2（上下结构）
  旧字新词：红酒、班长、遇见

14 你把水果拿过来

一、教学内容和教学目标

重点词语	学生能够熟练掌握： "干净、像、刮风、故事、声音、简单"的词义和用法
语言点	学生能够了解并掌握： （1）"把"字句表示产生某种结果或发生位移 （2）"先……，再/又……，然后……"表示动作的先后顺序
汉字	学生能够： 根据已学生词猜测出3个旧字新词"名单、读音、买单"的意思
功能	学生能够： （1）用"把"字句描述结果或位置的改变 （2）用"先……，再/又……，然后……"描述一系列的动作

二、教学步骤

一 复习旧课

1 教师展示第13课的热身图片，请学生根据图片做出动作。

2 教师根据第13课的内容进行提问。

（1）朋友去旅行，给你买回来过什么东西？
（2）你喜欢一边喝咖啡，一边做什么？
（3）你喜欢去电影院看电影还是在家看电视？
（4）你听音乐的时候，还喜欢做什么？
（5）你觉得你的生活有意思吗？为什么？

二 学习新课

1 热身

热身1：学生两人一组，合作完成热身1；教师出示热身1的图片，学生根据图片说出词语，核对答案；最后全体学生齐读热身环节所有词语，要求语音标准，声调准确。

答案：①E ②F ③D ④A ⑤B ⑥C

热身2：可留至语言点（2）"先……，再/又……，然后……"导入时使用。

2 生词

（1）生词快速认读及正音

打扫、干净、然后、冰箱、洗澡、节目、月亮、像、盘子、刮风、叔叔、阿姨、故事、声音、菜单、简单、香蕉

- 教师先带领学生快速认读一遍生词；
- 取消拼音，带领学生再次认读；
- 请单个学生独自认读 2-3 个生词；
- 最后全班一起快速认读所有的生词。

（2）生词讲解方式

- 直观法（如图片、照片、实物等）展示：冰箱、洗澡、节目、月亮、盘子、刮风、叔叔、阿姨、菜单、香蕉
- 肢体展示：打扫
- 启发式引导：然后

  教师给出句子部分内容让学生进行补充，如：下课以后，他先去吃饭，然后回家。

（3）重点生词扩展及常用搭配

干净—很干净—打扫干净—不干净—你的房间干净不干净？

像—像月亮—他很像他的爸爸。—我和哥哥都不像爸爸，我们像妈妈。

刮风—刮大风—刮了三天风—外边刮大风了，别出去。

故事—一个故事—结婚的故事

　　　—讲故事—你给大家讲一个故事吧。

声音—声音很大—你的声音太小了。

　　　—很小的声音—外边的声音—你听，这是谁的声音？

简单—很简单—不简单—简单的生活—做中国菜很简单。

练习册相关练习：第 92 页 / 一 / 第一部分，第 95 页 / 二 / 第二部分

3 语言点

（1）"把"字句 3：A 把 B + 动词 + 结果补语 / 趋向补语

① 语言点解析

"把"字句中在动词后加上结果补语或趋向补语，表达对确定的人或事物产生某种结果或发生位置上的改变。

　　A 把 B + 动词 + 结果补语 / 趋向补语

② 语言点导入

教师可就地取材，利用教室中的情景，引导学生说出目标句。

教师：同学们，你们看，教室里干净吗？

学生：教室里很干净。
教师：教室打扫干净了吗？
学生：教室打扫干净了。
教师：谁把教室打扫干净了？
学生：服务员把教室打扫干净了。

③ 语言点操练

教师给出词组，请学生说句子：

衣服、洗干净——妈妈把衣服洗干净了。
作业、做完——我把作业做完了。
早饭、准备好——爸爸把早饭准备好了。
汉语书、拿出来——我把汉语书拿出来了。
桌子、搬进去——大山把桌子搬进去了。
女朋友、带过来——他把女朋友带过来了。

④ 语言点扩展练习

教师提问，请学生根据实际情况回答。（要求：使用"把"字句）

你的作业本呢？
上课以前，你要做哪些准备？
旅行以前，你要做什么？

> 注意：
> "把"字句的否定形式是在"把"的前边加否定副词，例如"他没把作业写完"。

（2）先……，再/又……，然后……

① 语言点解析

"先……，再/又……，然后……"表示动作的先后顺序。

② 语言点导入

教师可利用本课热身2的表格导入语言点。
教师带领学生认读表格中的时间。
教师示范：
教师：起床以后，你先做什么？
学生：起床以后，我先刷牙。
教师：再做什么？
学生：再洗脸。
教师：然后做什么？
学生：然后吃早饭。
教师引导学生说出目标句：起床以后，我先刷牙，再洗脸，然后吃早饭。

③ 语言点操练

教师可根据热身2的表格操练语言点。

学生向教师提问，教师回答后，请学生说出目标句。

目标句：睡觉以前，我先洗脸，再刷牙，然后看一会儿书。

下课以后，我先去吃饭，再去超市买东西，然后回家。

考试以后，我先去跟朋友聊天儿，再休息一个星期，然后去旅游。

到家以后，我先休息一下，再看看电视，然后看书。

吃饭以后，我先洗碗，再跟妈妈聊天儿，然后出去运动。

④ 语言点扩展练习

教师利用热身2，让学生两人一组互相询问并回答。

> 注意：
> "又"表示动作已经发生了，"再"表示动作还没有发生。例如，昨天我先去了银行，又去了超市。今天我要先去超市，再去银行。

4 课文

课文1

（1）让学生听两遍录音并回答下列问题：

男的让孩子们做什么呢？——他让孩子们打扫房间呢。

男的在做什么？——他在看电视。

女的让男的做什么？——女的让男的先把茶和杯子放好，然后把冰箱里的西瓜拿出来。

（2）教师领读课文两遍，让学生分角色朗读课文，注意说话人的语气。

（3）模仿练习

学生两人一组，根据提示词模仿课文内容进行对话练习。

A：……，你怎么还不……？

B：别着急，我让……，……的时候，他们会……。

A：那你……啊。

B：你让我……？

A：先……，然后……。

B：……，我还是……。

课文2

（1）让学生听两遍录音并回答下列问题：

男的刚才在做什么？——他刚才在洗澡。

女的为什么给男的打电话？——女的想问问男的公司里的一些事情。

女的让男的做什么？——女的让男的先把电视节目看完，然后再给她回电话。

（2）教师领读课文两遍，让学生分角色朗读课文。

（3）模仿练习

学生两人一组，根据提示词模仿课文内容进行对话练习。

A：你在……？刚才……。

B：对不起，我刚……，没……。有什么……？

A：我想……。

B：你先……，我去……。

A：没关系，你先……，然后……。

课文3

（1）让学生听两遍录音并回答下列问题：

男的打算在外边做什么？——他打算坐在外边一边看月亮一边吃东西。

女的要做什么？——她要把桌椅搬出去。

外边是谁的声音？——外边是大山的声音。

（2）教师领读课文两遍，让学生分角色朗读课文，注意说话人的语气。

（3）教师给提示词，带领学生复述课文。

提示词：月亮、像、盘子、刮风、一边……一边……、桌椅、水果、讲、声音

课文4

（1）快速阅读，并回答：做水果饭简单吗？

（2）教师领读课文两遍，并回答下列问题：

做水果饭时，先要做什么？——先要把米饭做好。

然后做什么？——然后再把一块块新鲜的水果放进去。

可以做哪些水果饭？——可以做苹果饭、香蕉饭、西瓜饭等。

（3）教师给提示词，带领学生复述课文。

提示词：水果饭、简单、做好、放进去、愿意、新鲜、身体

（4）教师请学生仿照课文，介绍一个菜的做法。

练习册相关练习：第98页/四

5 汉字：

旧字新词：

① 教师领读以前学过的词语和新词，并让学生猜猜新词的意思。

- 领读：名字、菜单、名单

问学生:"名单"是什么意思? ——很多名字的单子。
- 领读:读、声音、读音

  问学生:"读音"是什么意思? ——文字该怎么读。

  注意"读音"是一个名词。
- 领读:买、菜单、买单

  问学生:"买单"是什么意思? ——在饭馆里,吃饭以后,付"点的菜"的钱。

② 教师领读新词扩展,通过情景,理解新词的意思和用法:

名单:学生名单 / 我们班的名单 / 请你把名单给老师。

读音:汉字的读音 / 两种读音 / 我不知道这个汉字的读音。

买单:我要买单 / 吃饭以后再买单 / 服务员,买单。

汉字辨认练习:

辨认下列汉字并组词。

{ 干:_____、_____
{ 于:_____、_____

{ 啊:_____、_____
{ 阿:_____、_____

{ 做:_____、_____
{ 故:_____、_____

{ 泳:_____、_____
{ 冰:_____、_____

{ 亮:_____、_____
{ 高:_____、_____

练习册相关练习:第98页 / 三 / 第三部分

6 **补充课堂活动——介绍一个简单易学的菜**

4-5个学生一组,每组为一个刚到本国的外国人介绍如何做一个当地菜。要求:材料容易买到,做法简单易学。

7 **俗语**

教师引导学生理解俗语的含义,注意这里的"先"是"早"的意思,这句话常常有"数量有限"的意思,后到的可能就没有机会得到了。

8 **本课小结**
- 语言点:用"把"字句描述结果和位置的改变

  用"先……,再 / 又……,然后……"描述动作的先后顺序
- 汉　字:旧字新词:名单、读音、买单

15 其他都没什么问题

一、教学内容和教学目标

重点词语	学生能够熟练掌握："提高、完成、其他、发、花"的词义和用法
语言点	学生能够了解并掌握： （1）"除了……以外，都/还/也……"表示范围 （2）疑问代词活用2：什么 （3）"极了"表示程度很高
汉字	学生能够： 根据已学生词猜测出3个旧字新词"电影节、春节、文化节"的意思
功能	学生能够： （1）用"除了……以外，都/还/也……"表示包括、排除等内容 （2）用"什么"表示不确定的人或事物 （3）用"极了"表示最高程度

二、教学步骤

一 复习旧课

1 教师展示第14课的热身图片，请学生根据图片说出生词。

2 教师根据第14课的内容进行提问。

（1）你做好了一个菜，请朋友帮你拿进房间去，要怎么说？
（2）老师要去你家玩儿，你怎么准备？
（3）你的拿手菜是什么？怎么做？请你教教我。
（4）我想去几个地方旅行，应该怎么去？
（5）在我们的学校，可以学到什么？你最喜欢学什么？

二 学习新课

1 热身

热身1：教师可依次朗读热身部分的词语，要求学生集体或单个说出图片对应的编号，教师评判正误；最后全体学生齐读热身环节所有词语，要求语音标准，声调准确。
答案：①F ②D ③C ④E ⑤A ⑥B
热身2：可留至语言点（1）"除了……以外，都/还/也……"导入时使用。

2 生词

（1）生词快速认读及正音

留学、水平、提高、练习、完成、句子、其他、发、要求、注意、上网、除了、新闻、花、极（了）、节日、举行、世界、街道、各、文化、小云

- 教师先带领学生快速认读一遍生词；
- 取消拼音，带领学生再次认读；
- 请单个学生独自认读 2-3 个生词；
- 最后全班一起快速认读所有的生词。

（2）生词讲解方式

- 直观法（如图片、照片、实物等）展示：留学、上网、新闻、节日、世界、街道
- 对比法展示：其他—别的
- 启发式引导：要求、注意

上课的时候，老师有什么要求？——老师要求大家安静，要求大家认真听课。

考试的时候应该注意什么？——注意别写错字。

（3）重点生词扩展及常用搭配

提高—提高水平—水平提高了—没提高
　　—提高得很快—大家的汉语水平提高得很快。

完成—完成作业—完成练习—完成句子—今天的工作你完成了吗？

其他—其他人—其他事—我只去过北京，其他地方都没去过。

发—发短信—发电子邮件—今天的作业是给老师发一个中文电子邮件。
　—发出去—发过来—电子邮件没发出去。

花—花钱—花时间—我花了三个小时才写完作业。

练习册相关练习：第 99 页 / 一 / 第一部分，第 102 页 / 二 / 第二部分

3 语言点

（1）除了……以外，都 / 还 / 也……

① 语言点解析

"除了……以外，都……"表示在一个范围内，排除一部分，其他的都有相同的情况。"除了……以外，还 / 也……"表示排除一部分，补充其他的。

② 语言点导入

教师可利用本课热身 2 导入语言点。

教师带领学生熟悉表格中所有词语，学生两人一组，合作完成热身 2。

教师请学生向自己提问。

学生：老师，您喜欢喝什么饮料？

教师：我只喜欢喝水，茶、咖啡、牛奶我都不喜欢喝。

教师引导学生说出：除了水以外，老师都不喜欢喝。

教师在黑板上画出教师喜欢喝的饮料"水",帮助学生理解语言点。

教师请学生再次向自己提问。

学生:老师,您喜欢喝什么饮料?

教师:我喜欢喝水,也喜欢喝茶、咖啡和牛奶。

教师引导学生说出:除了水以外,老师还/也喜欢喝茶、咖啡和牛奶。

教师在黑板上画出教师喜欢喝的饮料"水""咖啡""牛奶""茶",帮助学生理解语言点。

③ 语言点操练

教师可根据热身2的表格操练语言点。

学生向教师提问,教师回答后,请学生说出目标句。

目标句:除了西瓜以外,老师还喜欢吃苹果。

除了鱼肉以外,其他肉老师都不喜欢吃。

除了红色以外,老师还喜欢绿色和白色。

除了爬山以外,其他运动老师都不喜欢。

除了数学以外,其他课老师都喜欢。

④ 语言点扩展练习

教师利用热身2,让学生两人一组互相询问并回答。

> 注意:
> 　　其中"以外"可以完全省略或省略成"外"。

(2) 疑问代词活用2

① 语言点解析

汉语中,"什么"可以做指示代词,用来代替不确定的人或事物,表达的语气更客气。去掉"什么"以后,句子的意思不变。

② 语言点导入

教师根据实际情况,提问并引入语言点。

教师:我想知道这个饭馆儿好吃的菜。怎么问?

学生:这个饭馆儿有什么好吃的菜?

教师引导学生说出:这个饭馆儿有什么好吃的菜吗?

这个饭馆儿有没有什么好吃的菜?

教师:这个饭馆儿没有好吃的菜。怎么说?

教师引导学生说出:这个饭馆儿没什么好吃的菜。

③ 语言点操练

教师给出情境,让学生说出句子。

情境及目标句：

我想知道这个月有哪些有意思的电影。——这个月有什么有意思的电影吗？

我饿了，想吃东西。——有什么吃的吗？我饿了。

这个商店没有好看的衣服。——这个商店没什么好看的衣服。

我很忙，没有时间休息。——我很忙，没什么时间休息。

④ 语言点扩展练习

教师可根据实际情况提问，请学生回答。

每天下课以前，老师会说什么？

你去商店买东西的时候，服务员会说什么？

（3）程度的表达：极了

① 语言点解析

汉语中，表达最高程度可以用"形容词/心理动词+极了"。

② 语言点导入

教师就地取材，利用学生作业，提问并引入语言点。

教师：他的字漂亮不漂亮？

学生：非常漂亮。

教师引导学生说出：他的字漂亮极了。

③ 语言点操练

教师给出一些学过的形容词，请学生互相询问并回答。

可爱、舒服、容易、重要

例：可爱：A：你觉得什么最可爱？
　　　　　　B：我觉得小狗可爱极了。

④ 语言点扩展练习

教师让本班学生夸夸自己的班级。

我们班学生_____。

4 课文

课文1

（1）让学生听两遍录音并回答下列问题：

男的（大山）有什么问题吗？——他觉得他的汉语水平提高得一点儿也不快。

女的（老师）觉得大山学得怎么样？——老师觉得他学得一直不错，每天认真学习，做练习，完成作业。

大山昨天的作业做得怎么样？——做得不错，除了有一个句子意思有些不清楚外，其他都没什么问题。

以后有不明白的地方，大山可以怎么办？——可以给老师打电话或者发电子邮件。

（2）教师领读课文两遍，让学生分角色朗读课文。

（3）模仿练习

学生两人一组，根据提示词模仿课文内容进行对话练习。

A：我……了，但是……。

B：你……，一直不错啊。

A：这是……，你/您帮我……。

B：……，除了……外，其他……。

A：谢谢……！

B：以后有什么……，可以……。

课文2

（1）让学生听两遍录音并回答下列问题：

大家都来了吗？——除了小云，其他人都来了。

小云现在在哪儿？——小云在路上。

老师要做什么？——老师要给大家讲讲这次比赛的要求和一些需要注意的地方。

（2）教师领读课文两遍，让学生分角色朗读课文，注意说话人的语气。

（3）模仿练习

学生两人一组，根据提示词模仿课文内容进行对话练习。

A：……，除了……，……。

B：……，开始了，……还没来？

A：刚才……，她/他……。

B：不等她/他了，我先……。

A：……，您放心，……。

课文3

（1）让学生听两遍录音并回答下列问题：

为什么现在的生活很方便？——因为除了看新闻，还可以在网上听歌、看电影、买东西。

男的为什么没穿在网上买的那件新衣服？——因为有点儿小，他给他弟弟了。

男的的弟弟为什么很满意？——因为不用花钱，还有新衣服穿，所以他满意极了。

（2）教师领读课文两遍，让学生分角色朗读课文，注意说话人的语气。

（3）教师给提示词，带领学生复述课文。

提示词：上网、除了……，还……、网上、满意、花钱、极了

课文 4

（1）快速阅读，并回答：在啤酒节上可以做什么？

（2）教师领读课文两遍，并回答下列问题：

这个地方有什么重要的节日吗？——这个地方除了春节、中秋节以外，还有啤酒节。

啤酒节什么时候举行？——啤酒节每年夏天举行。

在啤酒节上可以做什么？——在啤酒节上，除了可以喝到世界上不同地方的啤酒以外，还可以看到世界上不同地方的歌舞。

你想了解世界各个地方的啤酒文化，应该怎么办？——去啤酒节看看。

（3）教师给提示词，带领学生复述课文。

提示词：除了……以外、也、节日、喝啤酒、街道、歌舞、了解、啤酒文化

（4）教师请学生仿照课文，说说自己住的地方有什么重要的节日，在这个节日里，人们都做什么。

练习册相关练习：第105页/四

5 汉字

旧字新词：

① 教师领读以前学过的词语和新词，并让学生猜猜新词的意思。

- 领读：电影、节日、电影节
  问学生：在"电影节"上可以做什么？——看各国的电影。
- 领读：春天、节日、春节
  问学生：你们国家过"春节"吗？中国人过"春节"的时候做什么？——包饺子、团聚、一起吃饭等。
- 领读：文化、节日、文化节
  问学生：在"文化节"上可以做什么？——了解世界各个地方的文化。
  扩展提问：还有什么"节"？——音乐节、旅游节、中秋节。（根据实际情况选用）

② 教师领读新词扩展，通过情景，理解新词的意思和用法：

电影节：中国电影节／大学生电影节／今年的电影节什么时候开始？

春节：过春节／春节前的准备／过春节的时候，谁最高兴？

文化节：世界文化节／文化节每两年举行一次／今年的文化节在我们学校举行。

汉字辨认练习：

辨认下列汉字并组词。

$\begin{cases}炼：\underline{\qquad}、\underline{\qquad}\\练：\underline{\qquad}、\underline{\qquad}\end{cases}$ $\begin{cases}求：\underline{\qquad}、\underline{\qquad}\\球：\underline{\qquad}、\underline{\qquad}\end{cases}$

$\begin{cases}网：\underline{\qquad}、\underline{\qquad}\\风：\underline{\qquad}、\underline{\qquad}\end{cases}$ $\begin{cases}目：\underline{\qquad}、\underline{\qquad}\\日：\underline{\qquad}、\underline{\qquad}\end{cases}$

$$\begin{cases} 世：_____、_____ \\ 也：_____、_____ \end{cases}$$

练习册相关练习：第 105 页 / 三 / 第三部分

6 补充课堂活动——根据词卡写句子

4-5 个学生一组，每组随机抽取 3-4 个词卡，用这些词完成一个句子，比比哪组能用最短的时间写出正确的句子。

参考词语：留学、水平、提高、练习、完成、句子、其他、发、要求、注意、上网、除了、新闻、花、极（了）、节日、世界、街道、文化……

7 俗语

教师引导学生理解俗语的含义。注意这里的"一""二"指的是事情的本来面貌，比如：请你一是一、二是二地把这件事情告诉经理，不要说假话。

8 本课小结

- 语言点：用"除了……以外，都 / 还 / 也……"表示范围
  用"什么"代替不确定的人或物
  用"极了"表示程度很高
- 汉　字：旧字新词：电影节、春节、文化节

文化：中国人过生日吃什么

1 文化点解析

① 古代中国人认为脸长寿命就长，"脸"就是"面"，因此长长的面条就表示长长的脸，寓意长寿。除了长寿面，还有寿桃等，也寓意长寿。
② 中国人过生日的时候还有吃鸡蛋的习俗，寓意平安和健康。

2 文化点参考处理方式

- 教师介绍中国人过生日吃长寿面、寿桃和鸡蛋的习俗。
- 请学生说说在自己国家，过生日的时候吃什么，为什么有这样的习俗。

16 我现在累得下了班就想睡觉

一、教学内容和教学目标

重点词语	学生能够熟练掌握："长、检查、关系、别人"的词义和用法
语言点	学生能够了解并掌握： （1）"如果……（的话），（主语）就……"表示假设和假设的结果 （2）"得"构成的复杂状态补语 （3）单音节形容词重叠表示人或事物的特征
汉字	学生能够： 根据已学生词猜测出3个旧字新词"词语、运动鞋、体检"的意思
功能	学生能够： （1）用"如果……（的话），（主语）就……"表示假设的情况和结果 （2）用"得"构成的状态补语描写某种状态 （3）用单音节形容词的重叠式描述人或事物

二、教学步骤

一 复习旧课

1 教师展示第15课的热身图片，请学生根据图片说出生词。

2 教师根据第15课的内容进行提问。

（1）昨天的课怎么样？你有问题吗？
（2）说说你最想去的一个地方，为什么你最想去那儿？
（3）为什么有些人非常喜欢小狗、小猫？你喜欢它们吗？
（4）现在的年轻人用手机做什么事？你呢？
（5）在你们国家，有哪些重要的节日？你最喜欢哪个节日？

二 学习新课

1 热身

热身1：学生两人一组，合作完成热身1；教师出示热身1的图片，让学生根据图片说出词语，核对答案；最后全体学生齐读热身环节所有词语，要求语音标准，声调准确。

答案：①C ②A ③F ④B ⑤E ⑥D

热身2：可留至语言点（2）"复杂的状态补语"导入时使用。

2 生词

（1）生词快速认读及正音

城市、如果、认为、皮鞋、帽子、长、可爱、米、公斤、鼻子、头发、检查、刷牙、关系、别人、词语

- 教师先带领学生快速认读一遍生词；
- 取消拼音，带领学生再次认读；
- 请单个学生独自认读2-3个生词；
- 最后全班一起快速认读所有的生词。

（2）生词讲解方式

- 直观法（如图片、照片、实物等）展示：城市、皮鞋、帽子、可爱、米、公斤、鼻子、头发
- 肢体展示：刷牙
- 启发式引导：认为

  教师给出句子部分内容让学生进行补充，如：他每天下课以后都去运动，因为他认为运动对他的身体很好。

（3）重点生词扩展及常用搭配

长—长得很白—长得很高—她长得很像她妈妈。
检查—检查作业—检查身体—我让医生给我检查一下牙齿。
关系—有关系—没有关系—老师和学生的关系—他和每个人的关系都很好。
别人—别人的事—请别人帮忙—这里没有别人。

练习册相关练习：第106页／一／第一部分，第109页／二／第二部分

3 语言点

（1）如果……（的话），（主语）就……

① 语言点解析

"如果"后边的分句是一个假设，"就"后边的分句是在这种假设情况下产生的结果。

② 语言点导入

教师给出情景，引导学生说出目标句。
教师：星期天你们打算做什么？
学生：我打算出去买衣服。
教师：下雨你也去吗？
学生：下雨我在家看电视。
教师：星期天如果不下雨，她去买衣服，如果下雨，她在家看电视。

③ 语言点操练

教师给出词组，请学生说句子：

很饿、吃一块蛋糕——如果你很饿，就吃一块蛋糕。

写完作业、看会儿电视——如果你写完作业了，就看会儿电视。

头疼、去医院——如果你头疼，就去医院看看。

没听懂、再讲一遍——如果你没听懂，就让老师再讲一遍。

你不去，我就不去——如果你不去，我就不去。

④ 语言点扩展练习

教师提问，请学生根据实际情况回答。

如果你有很多钱，你做什么？

如果给你一年的时间，你打算做什么？

如果你现在能去旅游，你去哪儿？

> 注意：
> 第二个分句如果有主语，主语要放在"就"的前边。

（2）复杂的状态补语

① 语言点解析

用"得"构成的状态补语，描写某种状态。"得"前一般是形容词或动词，"得"后一般是动词词组。

形容词＋得＋动词词组

② 语言点导入

教师可利用本课热身2的表格导入语言点。

教师带领学生认读表格中的词语。

教师示范：

教师：累的时候，你会怎么样？

学生：不想说话。

教师：他累得不想说话。

③ 语言点操练

教师可根据热身2的表格操练语言点。

学生向教师提问，教师回答后，请学生说出目标句。

目标句：我高兴得给太太做了一桌子的菜。

我忙得没有时间吃饭。

我冷得穿上了妈妈的衣服。

我牙疼得一直哭。

我热得喝了三瓶冰箱里刚拿出来的水。

④ 语言点扩展练习

教师利用热身2，让学生互相询问并回答。

> 注意：
> 　　复杂状态补语中，"得"后边的成分是复杂的形式，而不是简单形式。"笑得很开心"是一个简单状态补语。

（3）单音节形容词重叠

① 语言点解析

单音节形容词重叠，变为"AA 的"形式，表示程度深，常用来描述人或事物的特征。

AA 的

② 语言点导入

就地取材，教师利用教室中的情景，引导学生说出目标句：

教师：你们觉得他高不高？

学生：他很高。

教师：他长得高高的。

③ 语言点操练

教师给出词组，请学生说句子：

裙子、长——这条裙子长长的。

鼻子、高——她的鼻子高高的。

这个小孩子、胖——这个小孩子长得胖胖的。

她的牙、白——她的牙白白的。

头发、长——她的头发长长的。

④ 语言点扩展练习

教师让学生用单音节形容词重叠形式来描述一个人。

> 注意：
> 　　单音节形容词重叠后，要加上一个"的"字，才能进入句子。

4 课文

课文 1

（1）让学生听两遍录音并回答下列问题：

女的（小丽）喜欢做什么？——她喜欢去其他城市看一看。

男的（周明）年轻的时候为什么没去其他城市？——他那时候没有钱。

周明觉得他现在为什么不能去？——他没有时间。

（2）教师领读课文两遍，让学生分角色朗读课文，注意说话人的语气。

（3）模仿练习

学生两人一组，根据提示词模仿课文内容进行对话练习。

A：我不喜欢……，想去……。
B：我年轻的时候……，但是……，如果……，就……。
A：那你……？
B：现在……，主要是……。
A：我认为……。
B：你说得对，……。

课文2

（1）让学生听两遍录音并回答下列问题：
同事的女儿长得怎么样？——她长得白白的、胖胖的，很可爱。
她现在多高了？——快一米了。
她长得像谁？——她长得像她爸爸。

（2）教师领读课文两遍，让学生分角色朗读课文。

（3）模仿练习

学生两人一组，根据提示词模仿课文内容进行对话练习。

A：谢谢你们来……，你送的……！
B：别客气，……长得……，真……！现在……？
A：……。
B：你看她/他……，……，长得像谁？
A：像……，刚出生时……。

课文3

（1）让学生听两遍录音并回答下列问题：
男的的牙怎么了？——他的牙很疼。
女的建议他做什么？——去医院检查一下。
大夫觉得是什么问题？——他不好好刷牙。

（2）教师领读课文两遍，让学生分角色朗读课文，注意说话人的语气。

（3）教师给提示词，带领学生复述课文。
提示词：牙、疼、检查、没什么用、大夫、刷牙

课文 4

（1）快速阅读，并回答：怎么才能和别人的关系变得更好？

（2）教师领读课文两遍，并回答下列问题：

很多人觉得现在人和人的关系怎么样？——关系冷冷的。

为什么会这样？——因为工作太忙，忙得没时间跟别人见面，累得不愿意和别人多说话。

（3）教师给提示词，带领学生复述课文。

提示词：关系、冷、工作、见面、说话、笑、词语、更好

（4）教师请学生仿照课文，介绍一个让自己和别人的关系变得更好的方法。

练习册相关练习：第112页／四

5 汉字

旧字新词：

① 教师领读以前学过的词语和新词，并让学生猜猜新词的意思。

- 领读：词典、汉语、词语
  问学生："词语"是什么意思？——词典中的词。
- 领读：运动、皮鞋、运动鞋
  问学生："运动鞋"是什么意思？——运动的时候穿的鞋。
- 领读：身体、检查、体检
  问学生："体检"是什么意思？——给身体做一个检查。
  注意"体检"是一个名词。

② 教师领读新词扩展，通过情景，理解新词的意思和用法：

词语：学习词语／汉语词语／这些词语都很有用。

运动鞋：一双运动鞋／穿运动鞋／今天下午我要去买一双运动鞋。

体检：做体检／一次体检／我要去医院做一次体检。

汉字辨认练习：

辨认下列汉字并组词。

{ 米：_____、_____
{ 来：_____、_____

{ 姐：_____、_____
{ 如：_____、_____

{ 斤：_____、_____
{ 近：_____、_____

{ 查：_____、_____
{ 香：_____、_____

{ 帽：_____、_____
{ 冒：_____、_____

练习册相关练习：第112页／三／第三部分

6 补充课堂活动——吹牛游戏

教师出示词语卡片，学生依次说出包含复杂程度补语的句子，比比谁是最……的人。例如：教师提问"谁是最忙的人"，学生可以说"我是最忙的人，因为我忙得没有时间吃饭"等句子。

参考词语：累、忙、饿、高兴……

7 俗语

教师引导学生理解俗语的含义，注意本课的"万能"是"能做所有的事"的意思，这句话是说钱不能做所有的事。例如，要想有一个好身体，一定要注意锻炼，当你的健康真的出现问题，有再多钱也换不回来，因为钱不是万能的。

8 本课小结

- 语言点："如果……（的话），（主语）就……"描述假设的情况及结果

  用复杂状态补语描述某种状态

  用单音节形容词重叠式描述某种状态

- 汉　字：旧字新词：词语、运动鞋、体检

17 谁都有办法看好你的"病"

一、教学内容和教学目标

重点词语	学生能够熟练掌握："请假、一共、办法、决定、根据"的词义和用法
语言点	学生能够了解并掌握： （1）双音节动词重叠表示动作时间短、尝试等 （2）疑问代词活用3：代替某个范围内的每一个对象
汉字	学生能够： （1）了解内外结构的形声字 （2）根据已学生词猜测出3个旧字新词"婚假、怎么办、喜爱"的意思
功能	学生能够： （1）用双音动词重叠形式描述动作 （2）用疑问代词表示任指

二、教学步骤

一 复习旧课

1 教师展示第16课的热身图片，请学生根据图片说出生词。

2 教师根据第16课的内容进行提问。

（1）你喜欢吃什么水果？为什么？
（2）你觉得现在忙吗？有多忙？
（3）如果你是汉语比赛的第一名，你高兴吗？你会做什么？
（4）如果你有很多钱，你会做什么？
（5）请你描述我们班的一个同学，看看大家知道不知道他/她是谁。

二 学习新课

1 热身

热身1：教师可依次出示热身部分的词语卡片，要求学生集体或单个说出图片对应的编号，教师评判正误；最后全体学生齐读热身环节所有词语，要求语音标准，声调准确。

答案：①B ②E ③D ④C ⑤F ⑥A

热身2：可留至语言点（1）"双音节动词重叠"导入时使用。

2 生词

（1）生词快速认读及正音

请假、一共、邻居、后来、爱好、办法、饱、为了、决定、选择、冬（天）、必须、根据、情况、口、渴

- 教师先带领学生快速认读一遍生词；
- 取消拼音，带领学生再次认读；
- 请单个学生独自认读 2-3 个生词；
- 最后全班一起快速认读所有的生词。

（2）生词讲解方式

- 直观法（如图片、照片、实物等）展示：邻居、爱好、选择
- 对比法展示：以前—后来、饿—饱—渴、春天—夏天—秋天—冬天
- 启发式引导：一共、为了、必须

  一杯咖啡 5 块钱，一个面包 2 块钱，我花了多少钱？——一共 7 块钱。

  我想有一个好身体，应该做什么？——为了有一个好身体，你应该多运动。

  明天老师可以不来给大家上课吗？——不可以，您必须来上课。

（3）重点生词扩展及常用搭配

请假—请个假—请三天假—请病假—你可以帮我跟老师请个假吗？

一共—一共五十个人—一共四天—一共八个小时—这些菜一共多少钱？

办法—一个办法—好办法—想不出办法来—她总是有好办法。

决定—决定去旅游—你们决定中午去哪儿吃饭？

　　　—还没决定

　　　—一个决定—做决定—告诉我你的决定。

根据—根据时间—根据情况—请大家根据要求完成工作。

练习册相关练习：第 113 页／一／第一部分，第 116 页／二／第二部分

3 语言点

（1）双音节动词重叠

① 语言点解析

双音节动词 AB 的重叠形式为"ABAB"，如"休息休息"，表达动作时间短、尝试等意义。

② 语言点导入

教师可利用本课热身 2 导入语言点。

教师带领学生熟读所有动词，学生两人一组，合作完成热身 2。

教师让学生回忆之前学过的单音节动词重叠形式，并引导学生说出双音节动词重叠形式。

教师：我想学学汉语。用"学习"怎么说？
学生：我想学习学习汉语。

③ 语言点操练

教师可根据热身2的双音节动词操练语言点。

教师："请你介绍自己。"客气一点儿怎么说？
学生：请你介绍介绍自己。
目标句：客人来以前，我要打扫打扫房间。
写完作业以后应该检查检查。
多锻炼锻炼，对身体好。
明天要考试了，我必须复习复习。

④ 语言点扩展练习

教师给出情境，请学生回答。

特别累的时候，你想做什么？
看到一个又高又漂亮的女孩儿，你会说什么？

(2) 疑问代词活用3

① 语言点解析

汉语中，可以用"谁""什么""怎么""哪儿"等疑问代词代替某个范围内的每一个对象，它们都有相同的情况，没有例外。

② 语言点导入

教师根据实际情况，给出情境，提问并引入语言点。

教师：大家都知道长城吗？
学生：我们都知道。
教师引导学生说出：谁都知道长城。

③ 语言点操练

教师可给出句子，让学生用语言点改写，进行操练。

大家都觉得茶很好喝。——谁都觉得茶很好喝。

你可以上午来找我，也可以下午来找我，还可以晚上来找我……——你什么时候都可以来找我。

我们可以走路去，也可以坐车去，还可以坐地铁去……——我们怎么去都可以。

④ 语言点扩展练习

教师给出前半句，请学生用语言点完成句子。

我们的校长很有名，_____。

我们学校举行文化节的时候，人多极了，_____。

这个地方吃的贵，喝的贵，玩儿的也贵，_____。

4 课文

课文 1

（1）让学生听两遍录音并回答下列问题：

女的（小丽）在做什么？——她在跟周经理请假。

小丽为什么要请假？——她的一个老朋友下个星期结婚，她们两年没见了。

小丽想请几天假？——她想请三天假。

（2）教师领读课文两遍，让学生分角色朗读课文。

（3）模仿练习

学生两人一组，根据提示词模仿课文内容进行对话练习。

A：……，……我可以……吗？

B：你……？

A：我……，我……。

B：你一共想……？

A：……。

课文 2

（1）让学生听两遍录音并回答下列问题：

那个高高的男人是谁？——小丽和他过去是邻居，后来是大学同学。

他有什么爱好？——他有很多爱好，唱歌、画画儿、踢足球，什么都会。

小丽为什么不愿意把那个男人介绍给同事？——因为那个男人现在是小丽的丈夫。

（2）教师领读课文两遍，让学生分角色朗读课文，注意说话人的语气。

（3）模仿练习

学生两人一组，根据提示词模仿课文内容进行对话练习。

A：……，那个……？你对他……？

B：我们过去……，后来……，关系……。

A：他一般……？

B：他有……，……，什么都会。

A：真的？那你……。

B：不行，……。

课文 3

（1）让学生听两遍录音并回答下列问题：

女的（周太太）为什么要去医院检查检查？——因为她最近哪儿都不舒服。

男的（周明）觉得用不用去医院？——他觉得不用去医院，谁都有办法看好太太的"病"。

周太太多长时间没运动了？——她三年没运动了。

周太太有什么不好的习惯？——她吃饱了就睡。

为了健康，周太太有什么决定？——她决定多锻炼锻炼，从明天起，每天去长跑。

（2）教师领读课文两遍，让学生分角色朗读课文，注意说话人的语气。

（3）教师给提示词，带领学生复述课文。

提示词：哪儿、都、检查、办法、没运动、饱、锻炼、决定

课文 4

（1）快速阅读，并回答：运动的时候要注意哪三点？

（2）教师领读课文两遍，并回答下列问题：

运动的时候要选择什么时间？——早上9点是最好的时间，冬天要再晚一些。

应该选择什么样的地点运动？——公园、山上、游泳馆都可以运动。

运动的时候还应该注意什么？——要根据自己的健康情况运动。

刚运动完口渴的时候能不能喝水？——刚运动完的时候，不要马上喝水。

（3）教师给提示词，带领学生复述课文。

提示词：谁都懂、选择、一般来说、地点、必须、根据、休息、口渴

（4）教师请学生根据课文，说说自己怎么运动，什么时候运动，除了课本上说的以外，运动的时候还要注意些什么。

练习册相关练习：第120页 / 四

5 汉字

形声字 3：

① 知识点解析：本课介绍内外结构的形声字，包括外形内声、内形外声。

教师逐一展示课本第149页外形内声表格中的字，请学生分别读出形旁和声旁，说说形旁的意思。

园：形旁是"囗"，意思是围起来的一块地方；声旁是"元"(yuan)。

病：形旁是"疒"，意思是疾病、生病；声旁是"丙"(bing)。

请学生归纳这些汉字的结构——声旁与形旁的位置：

"园""病"的里边是声旁（发音），外边是形旁（意思）。

教师展示更多外形内声的汉字，请学生说出形旁与声旁，如：房。

教师逐一展示课本第149页内形外声表格中的字，请学生分别读出形旁和声旁，说说形旁的意思。

问：形旁是"口"，意思是用嘴询问；声旁是"门"(men)。

闻：形旁是"耳"，意思是用耳朵听到；声旁是"门"(men)。

请学生归纳这些汉字的结构——声旁与形旁的位置：

"问""闻"的外边是声旁（发音），里边是形旁（意思）。

教师展示更多内形外声的汉字，请学生说出形旁与声旁，如：闷。

② 汉字练习

教师板书或者用手指在空中书写本课形声字"园、病、问、闻"，带领学生一起识记形声字的笔画笔顺。

请学生用本课所学形声字组词：

参考答案：

园：花园、公园

病：生病、看病

问：问题、请问

闻：新闻

旧字新词：

① 教师领读以前学过的词语和新词，并让学生猜猜新词的意思。

- 领读：结婚、请假、婚假
  问学生：什么是"婚假"？——结婚时候的假期。
  扩展提问：还有什么"假"？——病假、事假。（根据实际情况选用）
- 领读：怎么、办法、怎么办
  问学生：什么时候说"怎么办"？——问别人办法的时候。
- 领读：喜欢、爱好、喜爱
  问学生：什么是"喜爱"？——对人或事物喜欢或有好感。

② 教师领读新词扩展，通过情景，理解新词的意思和用法：

婚假：请婚假／婚假很短／三天婚假／你打算请几天婚假？

怎么办：遇到问题的时候，怎么办？／考试的时候看不懂题怎么办？

喜爱：这是我最喜爱的饮料／你们国家的年轻人最喜爱什么运动？

汉字辨认练习：

辨认下列汉字并组词。

居：_____、_____ 饱：_____、_____
据：_____、_____ 跑：_____、_____

必：_____、_____ 喝：_____、_____
心：_____、_____ 渴：_____、_____

选：_____、_____
洗：_____、_____

练习册相关练习：第119页／三／第三部分

6 补充课堂活动——我来做，你来猜

A、B 两个同学一组到教室前边完成，教师给 A 同学和其他同学出示词语卡片，B 同学不能看。A 同学要用动作表演出卡片上词语的内容，B 同学根据 A 同学的表演猜出这个词语是什么，并用这个词语说一个句子。

参考词语：请假、邻居、选择、冬天、没办法、吃饱了、口渴……

7 俗语

教师请学生自己说出这句俗语的含义，并说说自己是不是早睡早起的人。教师可以根据实际情况，询问学生所在国家有没有相似的俗语。

8 本课小结

- 语言点：用双音节动词重叠表示时间短、尝试的意义
  用疑问代词表示任指
- 汉　字：形声字（内外结构）
  旧字新词：婚假、怎么办、喜爱

18 我相信他们会同意的

一、教学内容和教学目标

重点词语	学生能够熟练掌握： "向、只、段、同意、相信、关于、机会、种、奇怪、地"的词义和用法
语言点	学生能够了解并掌握： （1）"只要……就……"表示条件和结果 （2）"关于"引出涉及的对象
汉字	学生能够： 根据已学生词猜测出3个旧字新词"动物园、人名、自信"的意思
功能	学生能够： （1）用"只要……就……"表示必要条件和结果 （2）用"关于"引出涉及的对象

二、教学步骤

一 复习旧课

1 教师展示第17课的热身图片，请学生根据图片说出生词。

2 教师根据第17课的内容进行提问。

（1）你请过假吗？因为什么请假？请了几天假？
（2）有什么事儿你没做过，但是想做？
（3）你喜欢运动吗？你每天怎么锻炼？
（4）你喜欢吃什么菜？说说你为什么喜欢吃。
（5）你们国家有什么有名的地方吗？大家都知道这些地方吗？

二 学习新课

1 热身

热身1：学生两人一组，合作完成热身1；教师出示热身1的图片，学生根据图片说出词语，核对答案；最后全体学生齐读热身环节所有词语，要求语音标准，声调准确。

答案：①C ②A ③B ④F ⑤E ⑥D

热身2：可留至语言点（1）"只要……就……"导入时使用。

2 生词

（1）生词快速认读及正音

向、万、只、嘴、动物、段、不但……而且……、有名、同意、相信、关于、机会、国家、种、特点、奇怪、地

- 教师先带领学生快速认读一遍生词；
- 取消拼音，带领学生再次认读；
- 请单个学生独自认读 2-3 个生词；
- 最后全班一起快速认读所有的生词。

（2）生词讲解方式

- 直观法（如图片、照片、实物等）展示：万、嘴、动物、国家
- 启发式引导：不但……而且……、有名

教师给出句子部分内容让学生进行补充，如：

我常常吃中国菜，因为中国菜<u>不但很好吃，而且很便宜</u>。

（3）重点生词扩展及常用搭配

向—向朋友问好—向你借钱—你会向别人借钱吗？

只—一只狗—一只小猫—树上站着两只小鸟。

段—一段时间—这段时间—前一段时间，我病了。

同意—同意了—不同意—爸爸同意我去中国学习汉语。

相信—相信朋友—不相信—我相信他们会同意的。

—你要相信自己，一定能完成这个工作。

关于—关于中国—关于朋友—关于你的工作，我们会帮你的。

机会—有机会—没有机会—工作机会—北京有很多工作机会。

种—一种花—这种苹果—每种文化都有自己的特点。

奇怪—很奇怪—我很奇怪，他为什么不生气。

—不奇怪—在我们这儿，每个人都会骑马，一点儿也不奇怪。

地—高兴地说—很快地吃完了—我慢慢地习惯了北京的生活。

练习册相关练习：第 121 页 / 一 / 第一部分，第 124 页 / 二 / 第二部分

3 语言点

（1）只要……就……

① 语言点解析

"只要……就……"连接的是一个条件复句，"只要"后边是必要条件，"就"后边是其结果。

② 语言点导入

教师可利用本课热身2的表格导入语言点。

教师带领学生认读表格中的词语。

教师示范：

教师：什么时候你会出去玩儿？

学生：天气好的时候，我会出去玩儿。

教师引导学生说出目标句：只要天气好，我就出去玩儿。

③ 语言点操练

教师利用热身2，让学生互相询问并回答。

> 注意：
> 主语可以放在"只要"前，也可以放在"只要"后，如果后边的分句有第二个主语，要放在"就"的前边。

（2）"关于"

① 语言点解析

"关于"后边接名词，引出涉及的对象。

关于＋对象

② 语言点导入

教师给出情景，引发学生思考，引导学生理解并说出目标句。

情景：我看了一个中国电影，这个电影是讲中国历史的。

目标句：我看了一个关于中国历史的电影。

③ 语言点操练

教师给出词组，请学生说句子：

这件事，我不知道——关于这件事，我不知道。

看了一本书，中国文化——我看了一本关于中国文化的书。

学习汉语，介绍方法——老师给我们介绍了一些关于学习汉语的方法。

出国的事，爸爸同意了——关于出国的事，爸爸已经同意了。

④ 语言点扩展练习

教师提问，让学生根据实际情况回答。

你喜欢看什么书？

你常常看什么电影？

你以后想做什么样的工作？

4 课文

课文 1

（1）让学生听两遍录音并回答下列问题：

朋友为什么向老周借钱？——他打算买房子。

朋友要借多少钱？——他要借 5 万块钱。

朋友打算在哪儿买房？——他打算在医院前面买房。

（2）教师领读课文两遍，让学生分角色朗读课文，注意说话人的语气。

（3）模仿练习

学生两人一组，根据提示词模仿课文内容进行对话练习。

A：……，我打算……，想……。

B：没问题，只要……，就……。还……？

A：还……。

B：好，我下午……。你打算……？

A：就……。

B：那……。

课文 2

（1）让学生听两遍录音并回答下列问题：

男的（小明）要买什么回去？——他想买回去一只狗。

妈妈同意吗？为什么？——不同意，她觉得小明不会照顾它。

妈妈为什么这样觉得？——这段时间小明自己的衣服都没洗，所以不能照顾好小狗。

（2）教师领读课文两遍，让学生分角色朗读课文。

（3）模仿练习

学生两人一组，根据提示词模仿课文内容进行对话练习。

A：……，你看那只……多……，……，我们……？

B：动物和……，都……。……，谁……？

A：我……。

B：这段时间……，你能……？

A：只要……，我就……。

课文 3

（1）让学生听两遍录音并回答下列问题：

男的为什么选择这个公司？——这个公司不但很有名，而且工作环境好。

女的说这个工作怎么样？——做这个工作有点儿累，需要经常去外地。
男的什么时候去上班？——他明天去上班。

（2）教师领读课文两遍，让学生分角色朗读课文，注意说话人的语气。

（3）教师给提示词，带领学生复述课文。
提示词：选择、不但……而且……、有名、环境、累、外地、同意、愿意

课文 4

（1）快速阅读，并回答：不同国家的文化有什么特点？

（2）教师领读课文两遍，并回答下列问题：
到了一个新环境，你会觉得怎么样？——会觉得什么都很新鲜，而且还会有点儿奇怪。
到了一个新环境，人们会习惯吗？——到了一个新环境，经过一段时间就会慢慢习惯的。

（3）教师给提示词，带领学生复述课文。
提示词：国家、文化、特点、新鲜、奇怪、人名、姓、经过

（4）教师请学生根据课文，说说自己国家的一个文化特点。

练习册相关练习：第127页/四

5 汉字

旧字新词：

① 教师领读以前学过的词语和新词，并让学生猜猜新词的意思。
- 领读：动物、公园、动物园
  问学生："动物园"是什么意思？——一个像公园的地方，里边有很多动物。
- 领读：人、名字、人名
  问学生："人名"是什么意思？——人的名字。
- 领读：自己、相信、自信
  问学生："自信"是什么意思？——自己相信自己。
  注意"自信"是一个形容词。

② 教师领读新词扩展，通过情景，理解新词的意思和用法：
动物园：去动物园 / 动物园里 / 我想去动物园看大熊猫。
人名：一个人名 / 记人名 / 中国的人名和美国的不一样。
自信：很自信 / 不自信 / 这个人不太自信。

汉字辨认练习：

辨认下列汉字并组词。

$\begin{cases} 于：\underline{\qquad}、\underline{\qquad} \\ 干：\underline{\qquad}、\underline{\qquad} \end{cases}$ $\begin{cases} 机：\underline{\qquad}、\underline{\qquad} \\ 几：\underline{\qquad}、\underline{\qquad} \end{cases}$

$\begin{cases} 种：\underline{\qquad}、\underline{\qquad} \\ 和：\underline{\qquad}、\underline{\qquad} \end{cases}$ $\begin{cases} 且：\underline{\qquad}、\underline{\qquad} \\ 自：\underline{\qquad}、\underline{\qquad} \end{cases}$

$\begin{cases} 万：\underline{\qquad}、\underline{\qquad} \\ 方：\underline{\qquad}、\underline{\qquad} \end{cases}$

练习册相关练习：第127页 / 三 / 第三部分

6 补充课堂活动——根据词卡写句子

　　4-5个学生一组，每组随机抽取3-4个词卡，用这些词完成一个句子，比比哪组用最短的时间写出正确的句子。

　　参考词语：只要……就、像、万、只、嘴、动物、段、不但……而且、有名、同意、相信、关于、机会、国家、种、奇怪……

7 俗语

　　教师引导学生理解俗语的含义，注意这里的"怪"指奇怪的事物，例如，这种事我见得多了，早就见怪不怪了。

8 本课小结

- 语言点：用"只要……就……"表示必要条件和结果
  　　　　用"关于"引出关涉的对象
- 汉　字：旧字新词：动物园、人名、自信

19 你没看出来吗

一、教学内容和教学目标

重点词语	学生能够熟练掌握： "张、位、过、哭、经过"的词义和用法
语言点	学生能够了解并掌握： （1）趋向补语表示引申意义 （2）"使""叫""让"表示致使的意思
汉字	学生能够： 根据已学生词猜测出 3 个旧字新词"前年、路过、运动服"的意思
功能	学生能够： （1）用趋向补语的引申义描述出现、辨别、状态变化等内容 （2）用"使""叫""让"表示致使

二、教学步骤

复习旧课

1 教师展示第 18 课的热身图片，请学生根据图片说出生词。

2 教师根据第 18 课的内容进行提问。

（1）你有买房的打算吗？打算在哪儿买房？说说为什么。
（2）有时间的时候，你特别想做什么？
（3）只要你有钱，你就做什么？
（4）中国文化跟你们国家的文化有哪些不一样的地方？
（5）你喜欢看什么电影？你的朋友呢？

学习新课

1 热身

热身 1：教师可依次朗读热身部分的词语，要求学生集体或单个说出图片对应的编号，教师评判正误；最后全体学生齐读热身环节所有词语，要求语音标准，声调准确。

答案：①E　②D　③F　④A　⑤B　⑥C

热身 2：可留至语言点（2）"使""叫""让"导入时使用。

123

2 生词

（1）生词快速认读及正音

耳朵、脸、短、马、张、位、蓝、秋（天）、过、鸟、哭、黄河、船、经过

- 教师先带领学生快速认读一遍生词；
- 取消拼音，带领学生再次认读；
- 请单个学生独自认读 2-3 个生词；
- 最后全班一起快速认读所有的生词。

（2）生词讲解方式

- 直观法（如图片、照片、实物等）展示：耳朵、脸、马、鸟、黄河、船
- 对比法展示：长—短、春天—夏天—秋天—冬天、红—白—黄—绿—黑—蓝

（3）重点生词扩展及常用搭配

张——一张纸——两张电影票——我要买三张 20 号去北京的机票。

位——一位老师——两位客人——您好，您几位？——这位是我先生。

过——过生日——过春节——你想和谁一起过生日？

——过得很高兴——今年的生日，我过得很高兴。

哭——哭了——别哭——哭了很长时间——什么时候你很想哭？

经过——经过门口——从这儿经过——从北京到上海一路上会经过什么地方？

练习册相关练习：第 128 页 / 一 / 第一部分；第 131 页 / 二 / 第二部分

3 语言点

（1）趋向补语的引申义

① 语言点解析

汉语中，趋向补语除了表示动作的方向以外，还可以表示引申义。本课涉及到的有："出来"表示从无到有、产生新事物，或表示分辨识别、从隐到显的意思；"下来"表示由动到静、由强到弱、由快到慢等变化；"起来"表示回忆有了结果。

动词＋出来

动词 / 形容词＋下来

动词＋起来

② 语言点导入

教师就地取材，在黑板上画图，一边画一边引导学生说出目标句。

教师：我想画一个苹果，你们看，现在我画出来了吗？

学生：老师画出来了。

教师利用情景，请一名学生到教室前边，背对着大家，然后让另一名学生说一句话，教师问前边的学生。

教师：你知道是谁的声音吗？

学生：知道，是XX的声音。/不知道。

教师：好，他听出来了，是XX的声音。/他没听出来。

教师动作演示，在教室中快走。

教师：老师在做什么？

学生：老师在走路，走得很快。

教师走路速度渐慢。

教师：老师还在快走吗？

学生：不，老师慢下来了。

教师假装想不起来一位学生的名字。

教师：你叫什么名字，我忘了。

学生：我叫XX。

教师：老师刚才怎么了？

学生：老师刚才没想起来他的名字。

③ 语言点操练

教师给出词组，请学生设计情景说句子：写出来、想出来、做出来、洗出来。

教师围绕感官，给出学生词组，请学生说出自己的辨别能力：听出来、看出来、吃出来、喝出来。

例如：我能喝出来美国咖啡和中国咖啡。

教师给出形容词，请学生用"形容词+下来"说句子：安静、黑、慢。

教师：你能想起来昨天的课文吗？你能记起来第一个汉语老师的名字吗？

教师就地取材，利用学生的情况，请学生说句子，例如：

他今天看起来很累。

这杯咖啡看起来很好喝。

这本书看起来很贵。

④ 语言点扩展练习

教师请学生选词填空。

看出来、看起来、安静下来、想起来、想出来

（1）她一天没说话，她_____不太高兴。

（2）过了一个小时，我还是没_____这个汉字怎么写。

（3）电影开始了，大家都_____了。

（4）这是谁写的字，你能_____吗？

（5）你去问小刚吧，他一定能_____一个好办法。

注意：

"看起来"不表示回忆有了结果这一意思，意思是通过"看"，对某一方面进行估计、评价。同样的情况还有"看上去"，它与"看起来"意思一样。

（2）"使""叫""让"

① 语言点解析

汉语中用"使""叫""让"后搭配兼语表示致使的意思。

② 语言点导入

教师可利用本课热身2的表格导入语言点。

教师带领学生认读表格中的形容词。

教师示范：

教师：什么时候你会很高兴？

学生：去公园的时候我会很高兴。

教师引导学生说出目标句：去公园让我很高兴。

③ 语言点操练

教师请学生与同桌合作，共同完成表格。

教师请学生用"使""叫""让"互相询问。

目标句：什么会让你很生气？

    朋友借钱不还让我很生气。

    在国外生活让我很难忘。

    晚上一个人走路让我很害怕。

    同屋很晚还没回来让我很担心。

    明天要考试了，我还没复习，让我很着急。

④ 语言点扩展练习

教师提问，让学生根据实际情况回答：

你做什么会让妈妈很生气？

夏天吃什么、喝什么会让你很舒服？

什么时候你会很头疼？

> 注意：
>   "使"常用于书面语，"叫"常用于口语。

4 课文

课文 1

（1）让学生听两遍录音并回答下列问题：

女儿最近有什么变化？——她最近喜欢把头发放在耳朵后面。

女儿为什么要这样做？——因为这样可以使她的脸看上去漂亮一些。

女儿小时候是什么样的？——她小时候喜欢短头发，像男孩子一样。

（2）教师领读课文两遍，让学生分角色朗读课文，注意说话人的语气。

（3）模仿练习

学生两人一组，根据提示词模仿课文内容进行对话练习。

A：女儿最近喜欢……，你知道……？

B：这样可以……。

A：我最近觉得……。

B：女儿变化……，她小时候……，像……。

A：我也想起来。她……。

课文2

（1）让学生听两遍录音并回答下列问题：

这是什么时候的照片？——这是他们参加骑马比赛的照片。

小刚比赛的时候穿的是什么？——他穿的是运动服。

小刚上班的时候穿什么？——他穿西服、衬衫。

（2）教师领读课文两遍，让学生分角色朗读课文。

（3）模仿练习

学生两人一组，根据提示词模仿课文内容进行对话练习。

A：上次……的照片，我……了。

B：快……，……的这位是谁？

A：你没……吗？他/她是……啊。

B：怎么……不太一样？

A：他/她……，……的时候……。

B：他/她……，看上去……，还是……。

课文3

（1）让学生听两遍录音并回答下列问题：

她们（小丽和朋友）多长时间没见面了？——她们一年没见面了。

朋友的女儿什么时候出生的，现在多大了？——她的女儿去年秋天出生的，刚过完一岁生日。

哭的时候，怎么能让她女儿安静下来？——只要她爸爸学小鸟叫，她马上就安静下来了。

（2）教师领读课文两遍，让学生分角色朗读课文，注意说话人的语气。

（3）教师给提示词，带领学生复述课文。

提示词：见面、女儿、出生、刚、送、学、小鸟、安静、没办法

课文 4

（1）快速阅读，并回答："我"为什么想把照片发给大家？

（2）教师领读课文两遍，并回答下列问题：

"我"觉得这次旅行怎么样？——这次旅行，"我"去了很多地方，让"我"很难忘。
"我"去黄河旅行的时候做什么了？——"我"坐在船上，一边看一边照相。

（3）教师给提示词，带领学生复述课文。

提示词：旅游、难忘、一边……一边……、经过、照片、让

（4）教师请学生根据课文，说说自己的旅行经历。

练习册相关练习：第134页/四

5 汉字：

旧字新词：

① 教师领读以前学过的词语和新词，并让学生猜猜新词的意思。

- 领读：以前、年、前年
  问学生："前年"是什么意思？——去年的前一年，两年以前。
  扩展提问：我们学习过哪些"年"？——前年、去年、今年、明年、后年（根据实际情况选用）

- 领读：走路、经过、路过
  问学生："路过"是什么意思？——走路的时候经过。
  注意"路过"是一个动词。

- 领读：运动、衣服、运动服
  问学生："运动服"是什么意思？——运动的时候穿的衣服。

② 教师领读新词扩展，通过情景，理解新词的意思和用法：

前年：前年的时候/我前年去过上海/你前年暑假去哪儿旅行了？
路过：路过朋友家/路过的地方/路过超市的时候，你帮我买一瓶水。
运动服：买运动服/穿运动服/你有运动服吗？

汉字辨认练习：

辨认下列汉字并组词。

{ 蓝：_____、_____　　{ 鸟：_____、_____
{ 篮：_____、_____　　{ 鸡：_____、_____

{ 哭：_____、_____　　{ 自：_____、_____
{ 笑：_____、_____　　{ 耳：_____、_____

{ 短：_____、_____
{ 知：_____、_____

练习册相关练习：第134页/三/第三部分

6 补充课堂活动——谁是最能分辨的人

教师将全班分成两组,每组根据词卡内容,讨论本组成员具有的辨别能力,例如"我能听出来南方人和北方人说话有什么不一样"。两组轮流说句子,看看哪组说的句子更多更好。

参考词语:听出来、吃出来、喝出来、看出来、分出来……

7 俗语

教师引导学生理解俗语的含义,注意这里的"闻"是听到的意思,而不是用鼻子闻,这句俗语鼓励我们多去实践。

8 本课小结

- 语法点:用趋向补语表示引申义
  用"使""叫""让"表示致使
- 词　汇:旧字新词:前年、路过、运动服

20 我被他影响了

一、教学内容和教学目标

重点词语	学生能够熟练掌握："难过、关心、成绩、解决、试、多么"的词义和用法
语言点	学生能够了解并掌握： （1）"被"字句表示被动意义 （2）"只有……才……"表示条件和结果
汉字	学生能够： 根据已学生词猜测出3个旧字新词"碗筷、房卡、东北"的意思
功能	学生能够： （1）用"被"字句表示被动 （2）用"只有……才……"表示条件和结果

二、教学步骤

一 复习旧课

1 教师展示第19课的热身图片，请学生根据图片说出脸上器官的名字。

2 教师根据第19课的内容进行提问。

（1）你喜欢长头发还是短头发？
（2）昨天的汉字，你都能写出来吗？你能写出多少个来？
（3）别人不高兴的时候，你能看出来吗？你是怎么看出来的？
（4）做什么会让身体很健康？你经常这么做吗？
（5）你做什么会让妈妈不高兴？如果妈妈不高兴了，你会做什么？

二 学习新课

1 热身

热身1：学生两人一组，合作完成热身1；教师出示热身1的图片，学生根据图片说出词语，核对答案；最后全体学生齐读热身环节所有词语，要求语音标准，声调准确。

答案：①E ②C ③D ④A ⑤F ⑥B

热身2：可留至语言点（1）"被"字句导入时使用。

2 生词

（1）生词快速认读及正音

照相机、被、难过、东、信用卡、关心、只有……才……、成绩、碗、分、解决、试、真正、多么

- 教师先带领学生快速认读一遍生词；
- 取消拼音，带领学生再次认读；
- 请单个学生独自认读2-3个生词；
- 最后全班一起快速认读所有的生词。

（2）生词讲解方式

- 直观法（如图片、照片、实物等）展示：照相机、信用卡、碗
- 对比法展示：东—南—西—北

（3）重点生词扩展及常用搭配

难过—很难过—不难过—你别难过，我们还有机会。

关心—很关心—不关心—关心体育—我的老师很关心我。

成绩—成绩很好—数学成绩—这次考试，你的成绩怎么样？

解决—解决了—没解决—解决问题—解决的办法
　　—请你帮我解决一下这个问题。

试—试一试—试一下—试着说—你试着做一下。

多么—多么美—多么难—你看她工作得多么认真啊！

练习册相关练习：第135页 / 一 / 第一部分；第138页 / 二 / 第二部分

3 语言点

（1）"被"字句

① 语言点解析

"被"字句表达被动意义，其结构形式为"主语＋被/叫/让＋宾语＋动词＋其他成分"。其中主语一般是动作的接受者，宾语一般是动作的发出者。

　　主语＋被/叫/让＋宾语＋动词＋其他成分

② 语言点导入

教师可利用本课热身2的连线导入语言点。

教师带领学生认读动词和宾语，并请学生做连线练习。

教师核对答案，并用动宾短语造句子，请学生回答。

教师示范：

教师：你的问题解决了吗？

学生：我的问题解决了。

教师引出目标句，并请学生重复。例如：问题被你解决了吗？

③ 语言点操练

教师可根据热身2操练语言点。

学生向教师提问，教师回答后，请学生说出目标句。

目标句：朋友被老师影响了。

汽车被妈妈开走了。

钱被弟弟花完了。

自行车被同屋骑走了。

照相机被爸爸用坏了。

④ 语言点扩展练习

教师利用热身2让学生互相询问并回答。

> 注意：
> "被"字后边的宾语可以省略，"叫""让"后边必须有宾语。

（2）只有……才……

① 语言点解析

"只有……才……"连接的是一个条件复句，"只有"后边是唯一的条件，"才"后边是在这个条件下才会出现的结果。

② 语言点导入

教师给出情景，引导学生理解该语法点。

教师：在美国，可以去长城玩儿吗？

学生：美国没有长城，只有在中国，才能去长城玩儿。

③ 语言点操练

教师给出情景，请学生说句子。

例如：写完作业，看电影（只有写完作业，才能看电影。）

情景：爸爸同意，去中国学习———只有爸爸同意，才能去中国学习。

送她礼物，她很高兴——只有送她礼物，她才会很高兴。

吃药，发烧能好——只有吃药，发烧才能好。

复习得好，考试成绩很好——只有复习得好，考试才能考得好。

④ 语言点扩展练习

教师给出练习，请学生用"只要……就……"或"只有……才……"填空。

_____妈妈的话，他_____听。

_____有时间，我_____帮妈妈做饭。

别人去都不行，_____大山去比赛，他们班_____能拿第一名。

_____你喜欢这本书，_____可以拿回家看看。

> 注意：
> "只要……就……"中出现的条件是使结果出现的必要条件，"只有……才……"中出现的条件是使结果出现的唯一条件。

4 课文

课文 1

（1）让学生听两遍录音并回答下列问题：

女的的照相机呢？——她不知道被谁拿走了，找不到了。

男的建议女的怎么办？——男的建议女的再找找，找不到就再买一个。

女的这个月能买照相机吗？——不能，这个月信用卡里的钱已经被她花得差不多了。

（2）教师领读课文两遍，让学生分角色朗读课文，注意说话人的语气。

（3）模仿练习

学生两人一组，根据提示词模仿课文内容进行对话练习。

A：我的……？怎么……？

B：你再……。是不是……？

A：我找了，……。

B：别……，再……，……吗？

A：但是……。

课文 2

（1）让学生听两遍录音并回答下列问题：

女的为什么突然关心起体育来了？——因为她的男朋友喜欢看足球比赛。

男的觉得怎么才能让人有变化？——只有爱，才能让人有变化。

女的还有什么变化？——她最近天天上网玩游戏，成绩差极了。

（2）教师领读课文两遍，让学生分角色朗读课文。

（3）模仿练习

学生两人一组，根据提示词模仿课文内容进行对话练习。

A：你怎么突然……了？

B：我……，我被……。

A：看来……，……。

B：是啊，为了……，我……。

A：除了……，……影响……？

B：我最近……，……。

课文 3

（1）让学生听两遍录音并回答下列问题：

那个拿着碗吃饭的人是谁？——他是男的的哥哥。

谁能把他们分出来？——他们的爸爸妈妈和他们自己。

他们两个还有什么相同的地方？——他们住在同一个楼、同一个房间……

（2）教师领读课文两遍，让学生分角色朗读课文，注意说话人的语气。

（3）教师给提示词，带领学生复述课文。

提示词：碗、长、像、认错、分出来、除了、相同、楼、房间

课文 4

（1）快速阅读，并回答：怎么才能了解问题有多难？

（2）教师领读课文两遍，并回答下列问题：

年轻人遇到难题，常常会怎么样？——常常很着急，不知道怎么办。

我们一定要相信什么？——多么难的问题，都会被解决的。

（3）教师给提示词，带领学生复述课文。

提示词：遇到、解决、办法、看上去、做起来、试着、真正、了解、相信

（4）教师请学生根据课文，说说自己解决难题的经历。

练习册相关练习：第 141 页／四

5 汉字：

旧字新词：

① 教师领读以前学过的词语和新词，并让学生猜猜新词的意思。

- 领读：碗、筷子、碗筷

  问学生："碗筷"是什么意思？——碗和筷子。

- 领读：房间、信用卡、房卡

  问学生："房卡"是什么意思？——给房间开门的卡。

  扩展提问：还有什么"卡"？——银行卡、学生卡、饭卡。（根据实际情况选用）

- 领读：东、北方、东北

  问学生："东北"是什么意思？——东北方向的意思。

  扩展提问：还有哪些方向？——西北、东南、西南。（根据实际情况选用）

② 教师领读新词扩展，通过情景，理解新词的意思和用法：

碗筷：拿碗筷／放好碗筷／吃饭以后，我去洗碗筷。

房卡：我的房卡／宾馆的房卡／你看见我的房卡了吗？

东北：中国的东北／东北菜／我想去东北旅游。

汉字辨认练习：

辨认下列汉字并组词。

东：_____、_____　　决：_____、_____
车：_____、_____　　快：_____、_____

么：_____、_____　　难：_____、_____
公：_____、_____　　准：_____、_____

被：_____、_____
视：_____、_____

练习册相关练习：第141页/三/第三部分

6 补充课堂活动——我什么都没有

4-5个学生一组，向其中一个学生借东西，该学生用"被"字句回应，表明自己没有这个东西，例如"我的自行车被弟弟骑走了"。

7 俗语

教师引导学生理解俗语的含义，注意这里的"路"是办法的意思，这句俗语鼓励我们多去想办法，就一定能解决问题。

8 本课小结

- 语言点：用"被"字句表达被动
    用"只有……才……"表达唯一条件和结果
- 汉　字：旧字新词：碗筷、房卡、东北

文化：中国人什么礼物不能送

1 文化点解析

① 在中国，送礼物的禁忌一般都跟谐音有关系，"伞"跟分离的"散"谐音，"鞋"跟坏运气的"邪"谐音，"送钟"跟送去世之人的"送终"谐音，这些都是人们避讳的。

② 谐音词中也有中国人喜欢的，例如中国人过年的时候要吃鸡和鱼，这是因为"鸡"跟表示吉祥的"吉"谐音，"鱼"跟表示年年有余的"余"谐音。

2 文化点参考处理方式

- 教师介绍送礼物的禁忌及原因。
- 教师解释谐音现象，并举例说明中国人喜欢的谐音词。
- 教师请学生说说自己国家送礼物有什么禁忌。

练习册听力文本及参考答案

第1课　周末你有什么打算

一、听力

第一部分

第1-5题：听对话，选择与对话内容一致的图片

例如：

　　　　男：喂，请问张经理在吗？
　　　　女：他正在开会，您半个小时以后再打，好吗？

1. 男：你怎么又不高兴了？
   女：你工作一直忙，一次电影都没跟我一起看过。

2. 男：喂，您好，请问是搬家公司吗？我们要搬家。
   女：请问您打算什么时候搬？

3. 男：爸、妈，今天我给你们做晚饭，你们打算吃什么？
   女：真的啊？那我们吃点儿牛肉吧。

4. 男：今天的面包真便宜。
   女：是啊，那我们多买几个吧！

5. 女：这是哪儿啊？你开错了吧？我们怎么回家啊？
   男：别着急，车上有电子地图。

第二部分

第6-10题：听句子，判断对错

例如：为了让自己更健康，他每天都花一个小时去锻炼身体。
　　　★他希望自己很健康。

　　　今天我想早点儿回家。看了看手表，才5点。过了一会儿再看表，还是5点，我这才发现我的手表不走了。
　　　★那块儿手表不是他的。

6. 这个电影一点儿意思也没有，我们看书吧。
   ★他不喜欢这个电影。

7. 你怎么还没准备好？快点儿吧，没时间了。
   ★他一点儿也不着急。

8. 明天的考试我都复习好了，没问题。
   ★ 他考试考得很好。

9. 去南方旅游？去北方旅游？去哪儿旅游好呢？
   ★ 他还没想好去哪儿旅游。

10. 家里一个鸡蛋也没有，明天早上吃什么啊？
    ★ 家里还有很多鸡蛋。

第三部分

第 11-15 题：听短对话，选择正确答案
例如：男：小王，帮我开一下门，好吗？谢谢！
　　　女：没问题。您去超市了？买了这么多东西。
　　　问：男的想让小王做什么？

11. 男：你们等一下，我穿好衣服，送送你们。
    女：你太客气了，外边冷，别送了。
    问：男的打算做什么？

12. 男：下个月我们去南方旅游，怎么样？
    女：南方我还一次都没去过呢，一直想去看看。
    问：关于女的，可以知道什么？

13. 女：大雨，你快来帮我一下。
    男：这么多东西，你怎么一个人搬？你儿子去哪儿了？
    问：女的请男的做什么？

14. 男：别买票了，一个好看的电影都没有。
    女：那看看明天的吧。
    问：他们为什么没买票？

15. 女：这是哪儿啊？我没带地图，我们问问那边的游客吧。
    男：不用，我就是地图，你问我吧。
    问：男的是什么意思？

第四部分

第 16-20 题：听长对话，选择正确答案
例如：女：晚饭做好了，准备吃饭了。
　　　男：等一会儿，比赛还有三分钟就结束了。
　　　女：快点儿吧，一起吃，菜冷了就不好吃了。
　　　男：你先吃，我马上就看完了。
　　　问：男的在做什么？

16. 女：小周，你们搬家了？
    男：是啊，从公司南边搬到了医院北边。
    女：是吗？那你们离白雪家很近吧。
    男：对，他们家搬到了医院南边。
    问：现在小周家在哪儿？

17. 男：这是你的小猫吗？真漂亮！
    女：谢谢。
    男：它叫什么名字？
    女：我还没想好叫它什么呢。
    问：女的的猫叫什么？

18. 男：你帮了我这么多，谢谢你。
    女：不客气。
    男：晚上我请你吃饭，就去公司南边的那家饭馆。
    女：好啊，我还一次都没去过呢。
    问：关于女的，可以知道什么？

19. 男：你怎么了？一天都不高兴。
    女：明天就要考试了，我一点儿都没复习呢。
    男：别着急，你学得好，考试没问题。
    女：希望这次能考好。
    问：关于女的，可以知道什么？

20. 女：你桌子上有那么多书啊？
    男：对，都是我买的。
    女：你真爱读书。哪本最有意思？给我介绍一下吧。
    男：我爱买书，但是这些书我一本都没读过。
    问：关于男的，可以知道什么？

参考答案

一、听力
　　1-5：F A E B C
　　6-10：√ × × √ ×
　　11-15：A C B B C
　　16-20：B C A C A

二、阅读
　　21-25：F C D A B
　　26-30：A D F B C
　　31-35：A B A C B

三、书写
　　36. 商店里一个面包也没有。
　　37. 我还没想好吃什么。
　　38. 今年一点儿雪都没下。
　　39. 今天下午我一杯咖啡也没喝。
　　40. 你洗好水果了吗？
　　41. 直　42. 北　43. 末　44. 跟　45. 搬
　　46. 跟、很
　　47. 周、同
　　48. 常、带
　　49. 直、真
　　50. 昨、作
　　51. 上午、上班
　　52. 下班、下午
　　53. 本子、书本
　　54. 周末、月末

四、复习
　　1. 打算、找好、买好、想好、跟
　　2. 电脑游戏、一点儿、着急、复习、作业

第2课　他什么时候回来

一、听力

第一部分

第1-5题：听对话，选择与对话内容一致的图片

1. 女：真没想到，你现在这么瘦！
   男：这几年我一直在运动，每天都跑步，能不瘦吗？

2. 女：周经理，您找我？
   男：对，小方，你快上来，来我办公室。

3. 男：天气太冷了，回来时别坐公共汽车了。
   女：我叫到一辆出租车，正准备上车呢。

4. 男：怎么下雨了？我没带伞。
   女：我也没带。

5. 男：你怎么了？怎么不跑了？
   女：今天不知道怎么了，脚一直疼。

第二部分

第6-10题：听句子，判断对错

6. 乐乐，你出来的时候带把伞，外边下雨呢。
   ★乐乐现在不在外边。

7. 王经理，您别着急，我现在就上楼去。
   ★王经理在楼下。

8. 你在这儿等我一下，我上去拿了钱就下来。
   ★他已经到楼上了。

9. 我们快点儿进去喝杯热咖啡吧，这儿太冷了。
   ★他们现在在外边。

10. 同学们，你们快过来，到树下坐坐。
    ★同学们现在在树下。

第三部分

第 11-15 题：听短对话，选择正确答案

11. 女：饭做好了，快过来吃。
    男：好，我打了电话就过去。
    问：女的让男的做什么？

12. 男：请问，方经理的办公室怎么走？
    女：就在前边，右边第二个房间，1202。他外出办事了，现在不在。
    问：他们可能在哪儿？

13. 女：每天坐车上班时间太长了，我们也买辆车吧。
    男：行啊，买了车我就每天送你上班。
    问：他们最可能是什么关系？

14. 男：你考得真好，是怎么学的？
    女：我每天学习，你到了家就玩儿电脑游戏、睡觉，不看书，能学好吗？
    问：关于男的，可以知道什么？

15. 女：今晚你吃得太多了，出去走走吧。
    男：行，我穿了衣服就去。
    问：女的想让男的做什么？

第四部分

第 16-20 题：听长对话，选择正确答案

16. 男：请问王雨在吗？
    女：对不起，他不在，下楼去送人了。
    男：他什么时候回来？
    女：几分钟就回来，他送了人就上来。
    问：王雨现在可能在哪儿？

17. 女：大家都到了吗？
    男：王东还没到。
    女：谁有他的电话？
    男：我给他打电话了，他说去办公楼拿了东西就过来。
    问：王东为什么还没来？

18. 女：我们真快，30 分钟就到了。
    男：是啊，小方他们到哪儿了？
    女：他们走北边那条路，可能也快到了。
    男：那条路难走，可能要 50 分钟。
    问：关于小方他们，可以知道什么？

19. 男：你进来的时候看见小白了吗？
    女：没看见。你找他有事？
    男：我让他下去买午饭，还没回来。
    女：给他打个电话问问吧。
    问：他们在哪儿？

20. 男：你怎么还不吃饭？
    女：东东还没回来呢。
    男：你别着急，吃饭吧。
    女：都这么晚了，我能不着急吗？
    问：关于女的，可以知道什么？

参考答案

一、听力
    1–5：F B E C A
    6–10：√ × × √ ×
    11–15：B A B C A
    16–20：A A B A C

二、阅读
    21–25：B D F C A
    26–30：B C A F D
    31–35：B C C C B

三、书写
    36. 下了课就去买书。
    37. 快下楼去看看吧。

38. 我弟弟上了飞机就睡觉。
39. 我写完了作业就出去玩儿。
40. 请快进教室来。
41. 办 42. 难 43. 把 44. 容 45. 辆
46. 难、准
47. 为、办
48. 实、买
49. 容、客
50. 公、么

四、复习
1. 腿、脚、容易、难、过去
2. 伞、辆、上楼、拿、下来

第3课　桌子上放着很多饮料

一、听力

第一部分

第1-5题：听对话，选择与对话内容一致的图片

1. 男：这花茶在哪儿买的？真好喝！
   女：我也不知道，一个朋友送的。

2. 女：小心点儿，到了北京就给我打电话。
   男：好的，我下了飞机就给你打电话。

3. 女：这些水果都很新鲜，你想吃什么？
   男：给我一个苹果吧。

4. 女：爸爸的生日快到了，我想送他一条裤子，你看这条怎么样？
   男：颜色不错，但是我觉得大了一点儿。

5. 男：我想买件衬衫。
   女：颜色很多啊，你喜欢红的还是绿的？

第二部分

第6-10题：听句子，判断对错

6. 你还记得前边的那个女孩儿吗？去年我们去上海玩儿的时候认识的。
   ★他不认识那个女孩儿。

7. 我记得这条裤子上个月是八百元，现在只要四百元，我一次买了两条。
   ★这条裤子现在便宜得多。

8. 工作很累的时候可以听歌、玩儿游戏或者去运动，这样，你会觉得舒服点儿。
   ★运动时可以听歌。

9. 我刚买的鲜奶你放到哪儿了？我现在想喝。
   ★他不知道鲜奶在哪儿。

10. 你怎么只吃饭不吃菜啊，来，多吃点儿。
    ★她菜吃得很少。

第三部分

第 11-15 题：听短对话，选择正确答案

11. 女：我的脚还没好，我们周末别去爬山了。
    男：好，那我们就在家看看电视，玩儿玩儿游戏。
    问：女的为什么不去爬山？

12. 女：今天买的冷饮很甜，你要不要喝点儿？
    男：不喝了，我打算睡觉了。
    问：男的为什么不喝冷饮？

13. 男：你新给我买的那条裤子放哪儿了？
    女：我洗完衬衫就给你拿。
    问：女的在做什么？

14. 男：你上午给我打电话的时候，我正在上课。有什么事吗？
    女：对不起，是我不小心打错了。
    问：女的为什么给男的打电话？

15. 女：桌子上面放着一杯咖啡，是你的吗？
    男：小丽放在那儿的。
    问：咖啡是谁的？

第四部分

第 16-20 题：听长对话，选择正确答案

16. 男：今天买什么了？
    女：我买了衬衫，还给妈妈买了一条裤子。
    男：那你给我买什么了？
    女：桌子上的饮料给你吧。
    问：女的给自己买什么了？

17. 女：我的手机放哪儿了？我怎么不记得了？
    男：别着急，慢慢想。
    女：你给我打个电话吧。
    男：好，没问题。
    问：女的为什么让男的给她打个电话？

18. 男：给我来杯绿茶吧。
    女：这儿没有绿茶。
    男：桌子上不是放着绿茶吗？
    女：那不是绿茶，是水果饮料。
    问：桌子上放着什么？

19. 女：你送儿子上学吧。
    男：好，你怎么了？不舒服吗？
    女：没有，我觉得有点儿累。
    男：那你在家休息吧。
    问：女的怎么了？

20. 男：你不是要买牛肉吗？怎么买鱼了？
    女：去晚了，牛肉都卖完了。我看这条鱼很新鲜就买了。
    男：是很好。对了，我们吃米饭还是面条？
    女：今天有鱼，我们吃米饭吧。
    问：女的为什么没买牛肉？

参考答案

一、听力
    1-5：B E C F A
    6-10：× √ × √ √
    11-15：A B B B C
    16-20：A B C B B

二、阅读
    21-25：A B D C F
    26-30：C A F B D
    31-35：B B A C B

三、书写
    36. 床上放着一条裤子。
    37. 爬山的时候要小心点儿。
    38. 我记得他穿了一件白衬衫。
    39. 你想喝红茶还是绿茶？
    40. 我不知道他想买裤子还是衬衫。
    41. 饮　42. 心　43. 条　44. 者　45. 甜
    46. 出、山
    47. 得、很
    48. 者、都
    49. 朋、服
    50. 饮、次

四、复习
    1. 裤子、记得、条、衬衫、元
    2. 放、饮料、或者、绿、舒服

第4课　她总是笑着跟客人说话

一、听力

第一部分

第1-5题：听对话，选择与对话内容一致的图片

1. 女：你去做什么？
   男：我去看足球比赛。

2. 男：那两个笑着看照片的女孩是谁？
   女：那是我妹妹和她的好朋友。

3. 女：我太饿了，我想吃块儿蛋糕。
   男：别吃了，我们去吃饭吧。

4. 男：你怎么总是站着？快坐吧。
   女：我吃了两块蛋糕，现在不想坐着。

5. 女：我记得那家超市的西瓜又甜又新鲜，我们去看看吧。
   男：好，走吧。

第二部分

第6-10题：听句子，判断对错

6. 这几天你总是不爱吃东西，是不是不舒服啊？
   ★这几天他吃得很少。

7. 他又聪明又努力，老师的问题他都会回答。
   ★他学习很好。

8. 你知道我手机里还有多少钱吗？还有一元一角一分，三个一。
   ★他手机里钱不多了。

9. 妈妈很热情，总是帮助人，所以大家有问题，都会来找她。
   ★妈妈现在有问题。

10. 同学们，谁能告诉我这个句子是什么意思。
    ★他在请人回答问题。

第三部分

第 11-15 题：听短对话，选择正确答案

11. 女：你怎么总是听着音乐写作业？别听了，认真写吧。
    男：没关系，你看我写得都对。
    问：女的让男的做什么？

12. 男：你打电话有什么事吗？
    女：家里有人来做客，你下了班就回来吧。
    问：女的让男的做什么？

13. 女：下课了，同学们都去哪儿啊？
    男：今天下午有篮球比赛，我们要去看球赛。
    问：同学们要做什么？

14. 男：你真的要去国外上学？
    女：是，我爸妈也想让我去，说年轻的时候多出去走走很好。
    问：关于女的，可以知道什么？

15. 男：请你来回答这个问题，好吗？
    女：对不起，你说得太快了，我没听懂你的问题。
    问：关于女的，可以知道什么？

第四部分

第 16-20 题：听长对话，选择正确答案

16. 男：你儿子上学了吗？现在几年级？
    女：他现在二年级。
    男：学习怎么样？
    女：还可以，很努力，每天都复习、写作业。
    问：关于儿子，可以知道什么？

17. 男：这是你小时候的照片吗？
    女：是啊，漂亮吧。
    男：很漂亮，是什么时候照的？
    女：小学五年级，你看，我那时多瘦啊。
    问：关于女的，可以知道什么？

18. 男：站着吃蛋糕的那个人是谁？
    女：我们公司新来的年轻人，小周。
    男：什么？她姓什么？
    女：姓周。小周又漂亮又热情，以后有时间我介绍你们认识一下。
    问：关于小周，可以知道什么？

19. 女：你站那么高，小心点儿。
    男：好的，你看，照片放在这儿怎么样？
    女：往右边一点儿吧。
    男：现在好了吧。
    问：他们在做什么？

20. 女：周末你别总是坐着看电视，出去运动一下吧。
    男：好啊，我们去爬山怎么样？
    女：今天我腿疼，就去楼下走一走吧。
    男：好吧，我们走着去超市买点儿菜。
    问：他们打算做什么？

参考答案

一、听力
1-5：C F B E A
6-10：√ √ √ × √
11-15：A C B B C
16-20：A A C C A

二、阅读
21-25：F C A B D
26-30：D A F C B
31-35：A B B A C

三、书写
36. 他的女儿非常聪明。
37. 这家饭馆的服务员都很热情。
38. 你去哪家超市买蛋糕？
39. 他总是站着吃饭。
40. 你去回答一下客人的问题。
41. 客 42. 级 43. 认 44. 片 45. 站
46. 北、比
47. 朋、明
48. 为、力
49. 饿、我
50. 四、回

四、复习
1. 热情、努力、回答、站、鲜花
2. 又、年轻、认真、总是、客人

第5课　我最近越来越胖了

一、听力

第一部分

第1-5题：听对话，选择与对话内容一致的图片

1. 女：树和草都绿了，天气真好！
   男：是啊，我们要多出来走走，在草地上坐坐。

2. 女：这条裤子怎么样？
   男：你已经有那么多裤子了，买条裙子吧。

3. 女1：您要做什么，我来帮您吧。
   女2：不用帮，我一个人可以，谢谢你。

4. 男：春天到了，花都开了。
   女：是啊，你看它们开得多好！

5. 女：医生，我怎么了？
   男：你有点儿感冒，我给你开点儿药。

第二部分

第6-10题：听句子，判断对错

6. 最近天气越来越冷，还总是下雨。
   ★这几天的天气不太好。

7. 我感冒好了，明天你不用来照顾我了。
   ★现在他的病好了。

8. 小方最近越来越胖，去年买的裙子都不能穿了。
   ★小方现在比去年瘦。

9. 我儿子最近瘦了，工作太忙，没时间吃饭。
   ★儿子不想吃饭，所以瘦了。

10. 天气越来越热，大家穿得越来越少。
    ★冬天快到了。

第三部分

第 11-15 题：听短对话，选择正确答案

11. 女：医生，我的病用吃药吗？
    男：不用吃药，回家多喝些水，多吃些水果。
    问：男的让女的做什么？

12. 男：听说你最近不舒服，好些了吗？
    女：前天感冒，昨天发烧，头也越来越疼。
    问：女的现在怎么样了？

13. 女：上次我为你介绍的那个女朋友怎么样？
    男：人很不错，又聪明又漂亮。谢谢你！
    问：男的为什么说"谢谢"？

14. 男：我觉得汉语越来越难了。
    女：是吗？我怎么觉得越来越容易，也越来越有意思啊！
    问：女的觉得汉语怎么样？

15. 女：你不是发烧了吗？怎么还来上班？
    男：我吃了药，好些了。
    问：男的现在怎么样了？

第四部分

第 16-20 题：听长对话，选择正确答案

16. 女1：我喜欢3月，因为天气不那么冷了。
    女2：我喜欢5月，草和树都绿了，花也开了。
    女1：我也喜欢6月，大家不用穿冬天的衣服了。
    男：我喜欢1月、2月、7月和8月，因为不用去上课了。
    问：男的为什么喜欢7月和8月？

17. 女：现在天长了。
    男：这是什么意思？
    女："天长了"就是天黑得越来越晚。
    男：我懂了，就是白天的时间越来越长了。
    问："天长了"是什么意思？

18. 女：今天好些了吗？
    男：这几天一直吃药，现在好些了，腿也不疼了。
    女：那不用再吃药了。
    男：太好了，谢谢您！
    问：这两个人可能是什么关系？

19. 男：你看，天晴了。
    女：这么快就不下雨了？我们出去吧。
    男：好啊，带孩子们去外边买些花回来。
    女：好，我去叫他们。
    问：他们要做什么？

20. 男：我要买裤子了，这条裤子现在已经不能穿了。
    女：你瘦了吗？
    男：什么啊，我要买条大一号的。
    女：你现在吃得越来越多，也不运动，能不胖吗？
    问：男的有什么问题？

参考答案

一、听力
  1–5：F E B C A
  6–10：√ √ × × ×
  11–15：B C C B A
  16–20：C C B A B

二、阅读
  21–25：D B C A F
  26–30：F A D C B
  31–35：C B B A C

三、书写
  36. 外边的草都绿了。
  37. 现在我的病好了。
  38. 最近天气越来越热。
  39. 雨下得越来越大。
  40. 我妹妹现在越来越漂亮。

  41. 发 42. 用 43. 季 44. 春 45. 裙
  46. 看、春
  47. 夏、复
  48. 友、发
  49. 然、热
  50. 早、草
  51. 明天、聪明
  52. 休息、休学
  53. 从来、从小
  54. 看书、看见

四、复习
  1. 季节、春天、草、夏天、裙子
  2. 就不能穿、少吃点儿、最近、越来越、做的饭

第6课　怎么突然找不到了

一、听力

第一部分

第1-5题：听对话，选择与对话内容一致的图片

1. 男：你刚才说什么？我听不清楚。
   女：我让你快点儿过来。

2. 男：怎么突然不下了？
   女：是啊，刚才还下得那么大。

3. 男：喂，你今天不出来跟大家一起玩儿了吗？
   女：对不起，我孩子太小，离不开人。

4. 女：喂，我的车可能有点儿问题，你能过来帮个忙吗？
   男：我现在就过去，你在哪儿？

5. 男：树那么远，你看得清楚吗？
   女：我有眼镜，看得清楚。

第二部分

第6-10题：听句子，判断对错

6. 外边特别冷，你出去的时候多穿点儿。伞呢？带把伞吧，可能要下雨。
   ★外面下雪了。

7. 车上那么多人，我们还有这么多东西，等下一辆吧，5分钟就来车了。
   ★这辆车他们不打算上去。

8. 小丽，我刚看见你给我打的电话，刚才我去楼下送客人了，没带手机。你找我有事吗？
   ★他正在打电话。

9. 我每天早上都去公园跑步，锻炼身体。
   ★他每天都运动。

10. 昨天的作业真容易，我不到一个小时就写完了。小丽，你的作业呢？带了吗？
    ★他想知道小丽觉得作业难不难。

第三部分

第 11-15 题：听短对话，选择正确答案

11. 男：饭桌上的蛋糕怎么没吃完？你们吃饱了吗？
    女：你买得太多了，刚才还吃了很多饭，怎么吃得完啊？
    问：女的是什么意思？

12. 男：这个题我还不太清楚怎么做。
    女：我都讲了三次了，你怎么还听不明白？
    问：关于男的，可以知道什么？

13. 女：小雨呢？在你们这儿吗？
    男：刚才还在这儿跟我们聊天儿呢，您去旁边的办公室问问？
    问：女的在做什么？

14. 男：你怎么了？突然说要用我的车，你的车呢？
    女：我弟弟去外地，他开走了，这几天回不来。
    问：关于女的，可以知道什么？

15. 女：喂，你下飞机了吗？吃饭了没有？
    男：我刚到宾馆，刚才跟朋友在下边的花园聊天儿聊得特别高兴，还没吃饭呢。
    问：男的现在在哪儿？

第四部分

第 16-20 题：听长对话，选择正确答案

16. 女：你妻子找到新工作了吗？
    男：还没呢。她刚离开学校，最近一直在家休息。
    女：你问问她想不想来我们公司。
    男：谢谢你，我回家就告诉她。
    问：关于男的的妻子，可以知道什么？

17. 男：这些都是你女儿的照片吗？
    女：对，这是今年的，那是她六岁时的。
    男：你女儿越来越漂亮了！
    女：谢谢，她最爱听这些了。
    问：关于女儿，可以知道什么？

18. 男：我刚到北京，晚上总是睡不着。
    女：我睡不着的时候喜欢看电视，你也看看吧。
    男：我听不懂汉语，也看不懂汉字。多没意思啊！
    女：那跟我聊聊天儿吧。
    问：男的有什么问题？

19. 女：怎么回来这么晚？去哪儿了？
    男：你不是让我给小猫买点儿吃的吗？刚才我去商店了。
    女：商店就在楼下。你还去什么地方了？
    男：刚出商店，有个孩子找不到回家的路了，我过去帮他给他家里打了个电话。
    问：男的为什么回来晚了？

20. 女：看，前边那个人是不是周朋？
    男：离得太远，我看不清楚。
    女：我们快点儿走过去看看是不是他。
    男：刚才买了这么多东西，你也不帮我拿，我走不快。
    问：关于男的，可以知道什么？

参考答案

一、听力
  1–5：A F E C B
  6–10：× √ √ √ √
  11–15：C B B A C
  16–20：A A B C A

二、阅读
  21–25：C A D F B
  26–30：A C B D F
  31–35：C A A B A

三、书写
  36. 电话里讲不明白。
  37. 听不清楚你说什么。
  38. 在这儿买不到咖啡。
  39. 饭不多，我吃得完。
  40. 你看得懂汉语报纸吗？
  41. 刚 42. 讲 43. 聊 44. 园 45. 特
  46. 白、百
  47. 音、意
  48. 清、请
  49. 便、更
  50. 炼、东

四、复习
  1. 突然、离不开、清楚、刚才、帮忙
  2. 找不到、音乐会、买不到、公园、聊聊天儿

第7课　我跟她都认识五年了

一、听力

第一部分

第 1-5 题：听对话，选择与对话内容一致的图片

1. 男：你看看，只有半个小时了，快要迟到了。
   女：你别着急，走路十五分钟就到了。

2. 女：你都睡了十几个钟头了，快要迟到了！
   男：我想多睡会儿，太累了。

3. 女1：你慢点儿走。
   女2：刚爬了几分钟，你就累了？

4. 男：我都看了二十分钟报纸了，车怎么还不来？
   女：再等等，快来了。

5. 男1：欢迎你来我们银行。
   男2：经理您好，我一定好好儿工作。

第二部分

第 6-10 题：听句子，判断对错

6. 我是 2010 年开始工作的，在银行工作了两年以后，来到了这家公司。
   ★他现在在银行上班。

7. 飞机可能晚到十分钟，您再等一会儿吧。
   ★他们还要等。

8. 我对爬山不感兴趣，爬山太累了。
   ★他喜欢跟朋友一起去爬山。

9. 小刚在门口站了一个小时，小方也没出来。
   ★小刚在等人。

10. 她已经 80 多岁了，可是身体好，爱运动，还喜欢听年轻人唱的歌。
    ★她对音乐不感兴趣。

第三部分

第 11-15 题：听短对话，选择正确答案

11. 男：雨下得这么大，你家离这儿太远了，怎么办啊？
    女：没关系，我坐出租车半个小时就回去了。
    问：女的准备怎么回去？

12. 男：你哪儿不舒服？
    女：白医生，我头疼了一个星期了，都没去上课。怎么办啊？
    问：女的怎么了？

13. 男：你周末喜欢做什么？
    女：我不爱运动，周末就在家看看电视。
    问：女的对什么没有兴趣？

14. 男：今天的工作我还没做完，你来帮帮我好吗？
    女：行啊，不过到时候你要请我吃饭。
    问：男的和女的可能是什么关系？

15. 男：这是什么电影啊？我看了半天也没看懂。
    女：很多人都是这样，你再看一会儿就明白了。
    问：男的看了多长时间电影了？

第四部分

第 16-20 题：听长对话，选择正确答案

16. 女：我下个月结婚，到时候欢迎你来。
    男：什么？结婚？
    女：突然吗？其实我和我男朋友认识已经五年了。
    男：就是那天来公司接你的那个？
    问：关于女的，可以知道什么？

17. 男：喂，我已经等了半个小时了，你在哪儿呢？
    女：我刚下飞机，我穿着红衣服，你呢？
    男：我穿着白裤子，你看见我了吗？
    女：看见了，看见了。
    问：男的在做什么？

18. 男：你为什么不在书店工作了？
    女：那不是我喜欢的。我在那儿工作了半年以后，就来了这家银行。
    男：现在的工作怎么样？
    女：很好，我很喜欢。
    问：女的现在在哪儿工作？

19. 女：我两岁大的儿子对音乐感兴趣。
    男：是吗？你是怎么知道的？
    女：电视上有人唱歌，他也一起唱。有时候大家在吃饭，他也唱。
    问：女的的儿子喜欢什么？

20. 男：祝你生日快乐，这个送给你。
    女：什么啊？
    男：打开看看。
    女：音乐会的票！我太喜欢了，谢谢你。
    问：女的对什么感兴趣？

参考答案

一、听力
　　1–5：A C B E F
　　6–10：× √ × √ ×
　　11–15：A A B B A
　　16–20：B B A A C

二、阅读
　　21–25：B A F C D
　　26–30：F A B C D
　　31–35：A B B C B

三、书写
　　36. 我们唱了两个小时歌。
　　37. 你对什么感兴趣？
　　38. 以前我在银行工作了两年。
　　39. 弟弟看了三个钟头电视了。
　　40. 昨天我听了十几分钟音乐。
　　41. 感　42. 银　43. 结　44. 迎　45. 久
　　46. 近、迟
　　47. 同、司
　　48. 以、认
　　49. 接、楼
　　50. 刻、到

四、复习
　　1. 结婚、欢迎、同事、突然、感兴趣
　　2. 接、差、刻、迟到、快了

第8课　你去哪儿我就去哪儿

一、听力

第一部分

第1-5题：听对话，选择与对话内容一致的图片

1. 女：十五层太高了，我都害怕向下看了。
   男：我明白了。那我们看看别的房子。

2. 女：我是第一次来看大熊猫。
   男：我也是，你看这些大熊猫多可爱啊！

3. 男：都九点一刻了，你怎么还不起床？
   女：星期天又不上班，你也不让我多睡一会儿。

4. 女：我们是不是走错了，怎么还没到？
   男：别着急，就在前面，马上就到了。

5. 女：眼镜怎么样？你觉得满意吗？
   男：还不错，你看我的变化很大。

第二部分

第6-10题：听句子，判断对错

6. 以前，周经理的办公室在一层，最近他搬到了六层，开始坐电梯了。
   ★周经理换办公室了。

7. 我明天就回国了，以后不能总跟你见面了，有事请给我电话吧。
   ★他们以前总是见面。

8. 我喜欢自学。没事的时候，找一个安静的地方，读一本好书，是我最大的快乐。
   ★他喜欢安静的地方。

9. 不好意思，小姐，这个电梯只到十层，您去十二层要坐右边那个电梯。
   ★那位小姐要去十层。

10. 六零三房间的客人刚才打电话来说洗手间有问题，你去看一下吧。
    ★他现在在洗手间。

第三部分

第 11-15 题：听短对话，选择正确答案

11. 女：我想再喝一杯可乐。
    男：再喝一杯，你晚上就别想睡觉了。
    问：男的是什么意思？

12. 男：别害怕，只是感冒，休息两天就好了。
    女：那我让妈妈来照顾我几天。
    问：关于女的，可以知道什么？

13. 男：小姐，请问这儿有人吗？我可以坐这儿吗？
    女：不好意思，我朋友去洗手间了，一会儿就回来。
    问：女的是什么意思？

14. 女：我儿子又没考好，真着急！
    男：别着急，孩子身体健康是最重要的。
    问：女的为什么着急？

15. 男：明天要去面试，这两条裙子你穿哪条？
    女：哪条好看我就穿哪条，你再帮我拿一下那件白衬衫。
    问：女的明天做什么？

第四部分

第 16-20 题：听长对话，选择正确答案

16. 男：小丽，是你啊，你也来这儿买东西啊？
    女：是啊，这家超市的东西很便宜。
    男：好久不见，我们找个地方坐坐？
    女：好啊，下了电梯有一个咖啡馆，我们去那儿吧。
    问：他们要去哪儿？

17. 男：你吃药了吗？
    女：还没有，我吃完饭再吃。
    男：今天我们吃面条儿？
    女：是，吃鸡蛋面，马上就好。
    问：他们今天吃什么？

18. 男：您好，我的雨伞可能忘在你们饭店了。
    女：您的雨伞是什么颜色的？
    男：黑色的。
    女：是这个吗？我们在洗手间里看到的。
    问：男的为什么去饭店？

19. 男：我们一起吃个饭吧？
    女：好啊，哪天？
    男：你哪天不忙我们就哪天吃。
    女：那明天中午，老地方见吧。
    问：关于女的，可以知道什么？

20. 女：你这次汉语考得怎么样？
    男：九十分，你呢？
    女：我考得不太好，我只会做第一题，汉字几乎一个都不会写。
    男：别着急，慢慢来。
    问：关于女的，可以知道什么？

参考答案

一、听力
　　1-5：E B A C F
　　6-10：√ √ × × ×
　　11-15：A B B B B
　　16-20：A B B A B

二、阅读
　　21-25：D F C B A
　　26-30：B C A F D
　　31-35：A C B C C

三、书写
　　36. 什么东西健康我就吃什么。
　　37. 你怎么又不满意了？
　　38. 我想再去看一次熊猫。
　　39. 她离婚以后瘦了很多。
　　40. 我们坐电梯上去吧。
　　41. 安　42. 怕　43. 电　44. 马　45. 重
　　46. 能、熊
　　47. 问、间
　　48. 考、老
　　49. 会、层
　　50. 九、几

四、复习
　　1. 又、满意、电梯、层、害怕
　　2. 老、见面、变化、健康、重要

第 9 课　她的汉语说得跟中国人一样好

一、听力

第一部分

第 1-5 题：听对话，选择与对话内容一致的图片

1. 女：大明，你看我的眼睛是不是跟熊猫一样了？
   男：怎么，昨天又没睡好？别总想工作的事，好好休息。

2. 男：方老师，这次中文比赛的第一是您班的学生吗？
   女：是，这个小男孩叫天天，他第一次参赛就拿了第一。

3. 女1：这山怎么越爬越高啊？还有多远？
   女2：我对这儿比较了解，再爬一个小时就到了。先休息会儿吧。

4. 男：你说得真好，几乎跟中国人一样！
   女：哪里哪里，大家说得都很好。

5. 男：方方，这是你们班的照片吗？
   女：对，爸，我来给你介绍一下，中间这个是我们班周老师，周老师旁边这个男孩儿叫山山，他上课总是迟到。

第二部分

第 6-10 题：听句子，判断对错

6. 十二月的南方，房间里跟房间外一样冷，所以回家了大家也要穿很多衣服。
   ★南方十二月的时候房间里不太冷。

7. 这本书写得真不错，越看越有意思，你也看看吧。
   ★他觉得这本书很有意思。

8. 雪越下越大，外边的房子、树和路都变白了。
   ★现在不下雪了。

9. 我昨天新买的手机跟以前的不太一样，你来帮我看看怎么用，可以吗？
   ★他以前的手机和现在的是一样的。

10. 我喜欢手表，周月也跟我一样，但是她更喜欢大一点儿的。
    ★周月喜欢手表。

第三部分

第 11-15 题：听短对话，选择正确答案

11. 男：这是什么时候的照片？照片上的你跟现在不太一样。
    女：是去年夏天的，那时候我是长头发，也比较瘦。
    问：女的现在怎么样？

12. 男：小方，我真为你高兴，希望你越学越好。
    女：谢谢老师，我一定努力，下次考试还拿第一。
    问：关于女的，可以知道什么？

13. 男：妈，你的鱼越做越好，跟饭馆的一样好吃。
    女：那你多吃点儿，以后我每个星期都给你做一次，怎么样？
    问：女的做鱼做得怎么样？

14. 女：您好，来一个西瓜，要甜点儿的，不要太大的。
    男：现在西瓜便宜，给您来个大的吧，西瓜越大越甜。
    问：什么样的西瓜比较甜？

15. 男：你汉语只学了不到半年，说得这么好。以前你不是不想学吗？
    女：其实汉语跟我以前想的一点儿也不一样，越学越有意思，也不觉得难了。
    问：女的以前觉得汉语怎么样？

第四部分

第 16-20 题：听长对话，选择正确答案

16. 女：老师，上次比赛每个人要讲 3 分钟，这次呢？
    男：跟上次一样，参赛的同学每人最少讲 3 分钟。
    女：还要回答老师的问题吗？
    男：对，三个老师每人问一个问题。你一定没问题，不用担心。
    问：关于这次比赛，可以知道什么？

17. 女：你好，我叫周月。你叫什么名字？
    男：我叫解东。
    女：你姓什么？是"谢谢"的"谢"吗？
    男：不是，跟"了解"的"解"一样，但是做姓的时候读"解"。
    问：男的姓什么？

18. 男：刚才是大晴天，现在怎么下雨了，还越下越大。
    女：夏天天气变得快，我们坐出租车回家吧。
    男：大家想得都跟你一样，你看，你叫得到车吗？
    女：那先去路边小商店买把伞吧。
    问：他们现在要去做什么？

19. 男：你们去爬山了？怎么样？一定很累吧？
    女：越高的地方越冷，山路也越难走，但是特别漂亮。虽然已经是春天了，可是山上跟山下一点儿也不一样，还都是白的。
    男：我越听越想去看看，下次你们也带我一起去吧。
    女：好，下次去一定告诉你。
    问：关于这次爬山，可以知道什么？

20. 男：天气真热，我们喝点儿东西吧，给你饮料。
    女：谢谢，我带了热茶。
    男：夏天喝热茶，那不是越喝越热吗？
    女：中国人跟你们不太一样，天气越热，我们越想喝点儿热的，比较舒服。
    问：天气热的时候，女的喝什么？

参考答案

一、听力
　　1–5：E A B F C
　　6–10：× √ × × √
　　11–15：A C B B C
　　16–20：A C A B A

二、阅读
　　21–25：B D C F A
　　26–30：D B F C A
　　31–35：B C C C C

三、书写
　　36. 那辆车越开越快。
　　37. 我弟弟跟妈妈一样高。
　　38. 我和老同学越聊越高兴。
　　39. 苹果跟西瓜一样新鲜。
　　40. 你越吃甜的身体越胖。
　　41. 班　42. 担　43. 较　44. 解　45. 参
　　46. 担、但
　　47. 校、较
　　48. 问、间
　　49. 丈、文
　　50. 咖、加
　　51. 住在、住房
　　52. 请坐、请问
　　53. 放学、放心
　　54. 唱歌、老歌

四、复习
　　1. 越说越好、班、跟、一样好、汉语
　　2. 越爬越冷、了解、担心、先、中间

第10课　数学比历史难多了

一、听力

第一部分

第1-5题：听对话，选择与对话内容一致的图片

1. 男：妈，你看，给笑笑讲题的那个就是我们班数学老师。
   女：她个子真高，讲得怎么样？

2. 女：喂，你听得见我说话吗？
   男：喂，喂，你等一会儿，我找个安静点儿的地方再跟你说。

3. 男：谢谢你们请我们吃饭，这家饭馆的环境真好，菜也很好吃，特别是主菜。
   女：我很高兴你们喜欢这个地方，下次我们再来。

4. 女：听说你们店可以用旧车换新车？
   男：对，这边请，我来给您介绍一下吧。您有旧车吗？

5. 男：看，那么多人踢足球，他们在比赛吗？
   女：不是，他们在上体育课呢。

第二部分

第6-10题：听句子，判断对错

6. 地面上怎么都是雪？昨天我女朋友还穿裙子呢，今天怎么就下雪了？
   ★今天比昨天冷得多。

7. 走，找个环境好的地方，我早就想跟你聊聊了，这儿附近有没有安静点儿的咖啡店？
   ★他们要回家了。

8. 我爸爸身体那么好，主要是因为每天锻炼。
   ★爸爸很健康，因为他喜欢运动。

9. 我每天工作八九个小时，中午也不能休息，能不累吗？
   ★他每天工作很累。

10. 我儿子的学习比以前好多了，主要是他有兴趣了。
    ★以前儿了不喜欢学习。

第三部分

第 11-15 题：听短对话，选择正确答案

11. 男：前边有卖水果的，我们买点儿苹果吧？
    女：现在是换季的时候，苹果不一定好吃，别买太多，买两三个就行。
    问：女的是什么意思？

12. 男：今天怎么样？还发烧吗？
    女：吃了药比昨天好一些了，但还头疼。
    问：女的现在怎么样了？

13. 女：小刚，方明高还是你高？
    男：他个子也不高，只比我高一点儿。
    问：小刚和方明谁高？

14. 男：怎么还没到？我都看了三四个电影了。
    女：我们是从中国到美国，还要再飞五六个小时。你睡一会儿，或者再看几个电影。
    问：他们可能在哪儿？

15. 女：喂，您好，请找一下王老师。
    男：我们这儿有三四个姓王的老师呢，您找哪一个？
    问：这个地方有几个姓王的老师？

第四部分

第 16-20 题：听长对话，选择正确答案

16. 女：你要出去吗？
    男：小丽，我问你，去中山南路骑自行车快还是坐公共汽车快？
    女：这个时间，骑车比坐公共汽车快得多。你这么着急，要去上课吗？
    男：不，我要去见女朋友。
    问：关于男的，可以知道什么？

17. 女：明天是晴天还是阴天？
    男：上午下雪，下午就晴了。
    女：太好了，明天可以穿我的新裙子了。
    男：雪后晴天比下雪时冷得多，你不知道吗？
    问：男的是什么意思？

18. 男：我昨天换了辆新车，比那辆旧的舒服多了。
    女：又换了？你已经换了四五辆了吧？多少钱？
    男：不贵，一百多。我那辆旧车送给你吧。
    女：一百多？自行车啊！
    问：关于男的，可以知道什么？

19. 男：你女儿个子真高，比你高多了吧？
    女：其实我跟她一样高，只是她比我瘦多了。
    男：她今年多大？十七八岁？在哪儿学习呢？
    女：今年十九了，正在国外学习，学历史和数学。
    问：关于女的和她女儿，可以知道什么？

20. 男：走了两三个小时了，还买了这么多东西，真累。我们休息一会儿吧。
    女：那就在这儿坐坐，喝点儿水。
    男：楼上有个咖啡店，比这儿安静得多，环境也不错，还有音乐。
    女：也好，我们上去喝点儿饮料。
    问：他们要做什么？

参考答案

一、听力
  1-5：C E B F A
  6-10：√ × √ √ √
  11-15：C A B A C
  16-20：A A B B A

二、阅读
  21-25：D A F C B
  26-30：F D B A C
  31-35：B C C A C

三、书写
  36. 这个地方比那个地方安静一些。
  37. 周经理每天都喝一两杯咖啡。
  38. 骑自行车比走路快得多。
  39. 朋友比我个子矮一点儿。
  40. 教室里只有四五个学生。
  41. 骑 42. 换 43. 环 44. 附 45. 主
  46. 白、自
  47. 数、楼
  48. 史、更
  49. 椅、骑
  50. 有、育

四、复习
  1. 方便、早多了、买、自行车、旧
  2. 附近、三四、一些、主要、环境

第 11 课　别忘了把空调关了

一、听力

第一部分

第 1-5 题：听对话，选择与对话内容一致的图片

1. 男：这个花瓶真漂亮，在哪儿买的？
   女：我家楼下的商店，我带你去看看。

2. 男：把词典还我吧，我要用一下。
   女：好，方便的时候再借我用用。

3. 女：饭菜都做好了，把电脑关了吧？先吃饭。
   男：好的，我马上就来。

4. 女：运动会什么时候结束？
   男：五点左右吧。

5. 男：服务员，这儿只有一双筷子，请再给我们拿一双。
   女：好的，请您等一下，马上来。

第二部分

第 6-10 题：听句子，判断对错

6. 小周，你帮我看一下笔记本电脑吧。昨天我还能看电子邮件，今天突然就打不开了，不知道是怎么回事。
   ★他的电脑出了点儿问题。

7. 教室里人太多了，我们去图书馆学习吧，那儿比较安静。
   ★他打算去图书馆学习。

8. 住在这儿真不错，附近环境很好，离我上班的医院也不远，上下班都不用坐地铁了，骑自行车就可以。
   ★他以前骑自行车上班。

9. 什么是快乐？结束一天的工作以后，你和家人一起吃晚饭，说说白天的事情，这不就是快乐吗？
   ★跟家人一起吃晚饭很快乐。

10. 你把桌子上的杯子给我，我去洗一下。你去楼下买几瓶啤酒吧。
    ★啤酒在桌子上。

第三部分

第 11-15 题：听短对话，选择正确答案

11. 男：你看一下地图，这儿附近有眼镜店吗？
    女：地铁站旁边有一个，在地铁站的北边。
    问：男的在找什么？

12. 男：妹妹怎么了？病了吗？
    女：可能饿了，你把奶瓶给我吧。
    问：女的要做什么？

13. 男：会议结束后，你记得把空调和灯都关了。
    女：好的，我知道了，明天见。
    问：他们最可能是什么关系？

14. 女：我明天出去开会，你能帮我照顾一下小雨吗？
    男：行，没问题，我每天都带她去公园玩儿。
    问：男的要做什么？

15. 女：我的那本历史书呢，你看见了吗？
    男：你昨天让我去图书馆把书还了，你忘了？
    问：男的是什么意思？

第四部分

第 16-20 题：听长对话，选择正确答案

16. 女：空调下面怎么这么多水？
    男：我也是刚看见，我已经打电话叫人来看了。
    女：问他们什么时候到了吗？
    男：他们说今天周日，比较忙，下午才能来。
    问：男的为什么要打电话？

17. 男：我要去跑步，你去不去？
    女：我已经洗完澡了，不想出去了。
    男：要带点儿什么东西吗？
    女：你回来时，在楼下超市买斤香蕉和两瓶牛奶吧。
    问：女的为什么不去跑步？

18. 女：我的笔记本电脑太旧了，我想换一个，你说买个什么样的好？
    男：我用的这个就不错，也不大，带着很方便。
    女：贵不贵？
    男：有点儿贵，我去年买的时候九千，听说现在卖八千左右。
    问：关于男的的电脑，可以知道什么？

19. 女：周先生，我公司突然有事，您能帮我去接一下孩子吗？
    男：没问题，我带她来我家吃晚饭。
    女：好的，太谢谢你了，我八点左右去接她回来。
    男：别客气，你不也总是帮我照顾小狗吗？
    问：关于女的，可以知道什么？

20. 男：妈，我跟同学去打篮球。
    女：你明天不是还要考试吗？
    男：没关系，我已经复习好了，玩儿一会儿就回来。
    女：好吧，你的电脑关了没有？
    问：男的要做什么？

参考答案

一、听力
    1-5：E F A C B
    6-10：√ √ × √ ×
    11-15：B A A B B
    16-20：B A A C B

二、阅读
    21-25：B F A D C
    26-30：B F C A D
    31-35：C A B B C

三、书写
    36. 我每天七点左右上地铁。
    37. 图书馆几点关门？
    38. 我昨天喝了两瓶啤酒。
    39. 你参加今年的运动会吗？
    40. 你别把手机忘了。
    41. 本　42. 习　43. 会　44. 词　45. 灯
    46. 调、周
    47. 天、关
    48. 这、还
    49. 快、筷
    50. 错、借

四、复习
    1. 左右、地铁、结束、忘记、空调
    2. 筷子、双、啤酒、口、瓶子

第12课　把重要的东西放在我这儿吧

一、听力

第一部分

第1-5题：听对话，选择与对话内容一致的图片

1. 女1：你的腿好点了吗？
   女2：还有点儿疼。今天太阳不错，你带我出去吧。

2. 女：能帮我把这些行李箱放到上面吗？我搬不动。
   男：可以，我来搬吧。

3. 女：对不起，先生，飞机马上就要起飞了，请您关上手机。
   男：好的，我知道了。

4. 女：黑板上的那个字怎么读？
   男：我也不认识，我查一下字典，找到了告诉你。

5. 女：会议早就开始了，你怎么现在还没来？
   男：别生气，我十分钟就到。

第二部分

第6-10题：听句子，判断对错

6. 我的包忘在出租车上了，钱包、手机和护照都在里面。
   ★他是出租车司机。

7. 我很喜欢画画儿，但是没有人教过我，我都是自己学的，你看这个小狗就是我画的，可爱吗？
   ★他不喜欢跟老师学画画儿。

8. 老师，您昨天讲的那几个题，我今天就忘了，您能再教我一次吗？
   ★老师昨天没讲明白。

9. 爸爸找了很长时间都没找到他的护照，我今天上午帮他洗衣服的时候，在他那条蓝色的裤子里找到了。
   ★爸爸洗衣服的时候发现了护照。

10. 我们需要换新的桌子和椅子，你什么时候有时间，跟我一起去看看？
    ★桌子和椅子都旧了。

第三部分

第 11-15 题：听短对话，选择正确答案

11. 女：喂，我已经到公园西门了，你是在北门吗，我过去找你吧？
    男：你别过来了，我快到西门了。
    问：女的现在在哪儿？

12. 女：我决定从明天开始每天跑一千米。
    男：真的吗？太阳从西边出来了？
    问：男的是什么意思？

13. 男：你把护照放在行李箱里了吗？
    女：没有，在我包里呢，这样拿着比较方便。
    问：护照在哪儿？

14. 女：请问，学校附近有中国银行吗？
    男：有，出了西门，向左走两百米就能看见。
    问：女的要去哪儿？

15. 女：火车站离这儿很远，坐车不太方便，我开车送你去。
    男：不用了，谢谢您，我还是自己打出租车去吧。
    问：男的打算怎么去火车站？

第四部分

第 16-20 题：听长对话，选择正确答案

16. 男：这是你画的吗？
    女：太阳是我画的，小猫是妹妹画的。
    男：真好看，画好了吗？
    女：还没有，我想在这儿再画点儿花儿。
    问：女的还准备画什么？

17. 女：吃好了吗？要不要再来点儿米饭？
    男：不吃了。家里还有西瓜吗？
    女：还有半个，你自己拿吧。
    男：好的。
    问：关于男的，可以知道什么？

18. 男：喂，是小马吗？
    女：是我，周经理，您有什么事？
    男：我明天十点要去火车站接个人。
    女：好的，我知道了，我让司机明天九点前到楼下等您。
    问：男的明天要做什么？

19. 女：你会骑自行车吗？
    男：当然，我以前经常骑车去上课。
    女：那你教教我吧，我一直想学。
    男：可以啊，你什么时候有时间？
    问：男的要做什么？

20. 女：你怎么才来，都八点一刻了。
    男：对不起，来机场的路上才发现没带护照。
    女：出门的时候你怎么不好好看看呢？
    男：你一直给我打电话，我很着急，就出了问题。
    问：男的怎么了？

参考答案

一、听力
  1-5： E B A C F
  6-10： × × × × √
  11-15： B B B B B
  16-20： C C A B A

二、阅读
  21-25： C F B D A
  26-30： F A C B D
  31-35： C A C C A

三、书写
  36. 请把护照放到桌子上。
  37. 我需要买个笔记本电脑。
  38. 你习惯在黑板上写字吗？
  39. 你自己去超市吧。
  40. 飞机还有半个小时就起飞了。
  41. 太 42. 西 43. 包 44. 画 45. 行
  46. 已、己
  47. 起、超
  48. 同、司
  49. 气、汽
  50. 现、视

四、复习
  1. 太阳、西、就、生气
  2. 护照、司机、发现、钱包、起飞

第13课　我是走回来的

一、听力

第一部分

第1-5题：听对话，选择与对话内容一致的图片

1. 女：爷爷，这本书我没看过，是您新买的吗？
   男：这是爷爷送给你的生日礼物。

2. 女：你终于来了！箱子里东西太多，我刚才搬了几次都没搬起来。
   男：我放下电话马上就跑过来了。来，我帮你搬下去。

3. 男：你看我家小狗多喜欢你，见了你就跑过去了。
   女：它这么快跑过来是因为我拿着好吃的。

4. 男：好久不见！没想到在这儿遇到你了。你来这儿做什么？
   女：我来这家公司面试，刚面完，走，我们边走边聊。

5. 男：你看这孩子怎么了，我过去帮他一下。
   女：别帮他，让他自己站起来，他一定可以。

第二部分

第6-10题：听句子，判断对错

6. 住在我家旁边的是个老人，他很热情，喜欢帮助大家。大家有了问题，都愿意请他帮忙。
   ★那位老人遇到了问题。

7. 过去，我喜欢每天早上起床后，一边吃早饭一边看报纸。现在我没有这个习惯了，因为太忙了，没时间了。
   ★他一直一边吃早饭一边看报纸。

8. 早上我起了床就出门了，到了半路发现没带电脑和钱包，又开回去拿，到公司的时候已经十点半了。
   ★他是开车来公司的。

9. 妈妈忙了一天，回家还要做饭。我让她坐下来休息一会儿，但她总是边笑边说："为你和你爸做饭，我很高兴。"
   ★爸爸很喜欢做饭。

10. 方校长的办公室过去在四层，她每天都爬上去。上个月搬到十二层以后，她开始坐电梯，不爬楼了。
    ★以前方校长喜欢爬山。

第三部分

第 11-15 题：听短对话，选择正确答案

11. 男：你怎么这么累？
    女：电梯坏了，我是爬上来的。快给我喝口水。
    问：女的为什么很累？

12. 男：超市离家这么远，我们真的要走回去吗？
    女：只有三站，我们边走边聊，一会儿就到家了。多走走还能锻炼身体，不是吗？
    问：女的想做什么？

13. 男：你真的要出国？去那么远的地方，不是想回来就能回来的，你爸妈多想你啊！
    女：他们说年轻人应该走出去，多看看外边的人和事。
    问：关于女的，可以知道什么？

14. 男：那么多车，吃饭的人真不少。
    女：我们把车放在这儿，走过去吧，也不远，两分钟就到了。
    问：他们现在最可能在哪儿？

15. 女：你几号到北京？票买好了没有？
    男：别担心，我下个星期六就飞回去了。
    问：男的怎么回北京？

第四部分

第 16-20 题：听长对话，选择正确答案

16. 男：您好，昨天从你们洗衣店拿回去的衣服不是我的。
    女：这件衣服不是您的？
    男：您看，我叫"方明"，这上面写的是"方朋"。
    女：一定是服务员边听音乐边工作，拿错了。真对不起，您先坐下来喝点儿水，我马上就去给您换。
    问：关于男的，可以知道什么？

17. 女：小周，你现在要回公司吗？你是开车来的吗？
    男：我是走过来的，车放在公司门口了。怎么了，有事吗？
    女：你能帮我给老周带回去点儿东西吗？他放在我这儿好长时间了。
    男：明天可以吗？明天我还来你们这儿，到时候开车过来。
    问：女的想请男的做什么？

18. 男：刚才从电梯里走出去的那个瘦瘦的女孩儿你认识？
    女：对，是我以前的同事，听说现在都是经理了。
    男：以后你介绍我们认识一下吧。
    女：没问题。
    问：女的在电梯里遇到了谁？

19. 男：服务员，来瓶红酒。
    女：你不是开车了吗，能喝酒吗？
    男：今天是你的生日，喝几口没关系。
    女：那你的车今天放在这儿吧，明天再过来开回去。
    问：关于男的，可以知道什么？

20. 男：走累了吧？我们去"太阳咖啡店"坐一会儿吧。
    女：那家店在三层，也没有电梯，要走上去，喝完咖啡还要走下来，我腿疼。
    男：那去"西西蛋糕店"吧，有电梯。
    女：好啊好啊，那家店在高层，从上边看下去，特别漂亮。
    问：女的要去哪儿？

参考答案

一、听力
    1–5：A F C B E
    6–10：× × √ × ×
    11–15：C A C C B
    16–20：C B C C B

二、阅读
    21–25：C F D B A
    26–30：C B A F D
    31–35：C A A A C

三、书写
    36. 我们一边走路一边聊天。
    37. 刚才谁跑出去了？
    38. 请别一边开车一边打电话。
    39. 火车就要开过来了。
    40. 同学们都走出教室去了。

41. 礼　42. 遇　43. 愿　44. 该　45. 经
46. 物、场
47. 起、超
48. 轻、经
49. 该、孩
50. 环、坏
51. 送花、买花
52. 客人、做客
53. 愿意、满意
54. 帮助、帮忙

四、复习
1. 终于、爷爷、送过去、拿出来、礼物
2. 一般、愿意、一边、一边、站起来、应该

第14课　你把水果拿过来

一、听力

第一部分

第1-5题：听对话，选择与对话内容一致的图片

1. 女：我的伞，我的伞！
   男：怎么突然刮大风了，把伞都刮跑了！

2. 女：你怎么把冰箱里的东西都吃完了？我们今晚吃什么啊？
   男：你不在家这几天，我一直没出去。

3. 男：小常，这些盘子都要洗干净。
   女：好，我先把杯子洗完，然后再洗盘子。

4. 男：先生，今天的鱼很新鲜，您要不要来一条？
   女：我们先看看菜单，然后再点菜，好吗？

5. 男：爷爷奶奶，你们别说话，今天我来给你们讲故事。
   女：好啊，爷爷奶奶最喜欢听你讲故事了。

第二部分

第6-10题：听句子，判断对错

6. 今天早上我妻子把车开出去了，要很晚才回来。儿子9点要去学校上课，我只好带他坐地铁。
   ★他今天坐地铁去上课。

7. 常阿姨住在我家楼下，她经常把我叫下去听她唱歌。我很喜欢她的声音。有时候我还和她一起唱呢。
   ★常阿姨的声音很大。

8. 方叔叔爱看教做饭的节目。每天晚上不到七点半，都坐在电视前等着节目开始。看完了他马上就开始做，做好了饭就请大家来吃。
   ★方叔叔喜欢做饭。

9. 一天的工作结束后，小周总是最后一个离开公司的。她每天都要先把办公室打扫干净，然后才回家。
   ★小周回家以前要打扫办公室。

10. 方叔叔和白阿姨特别热情，每次我去他们家做客，都要从冰箱里拿出很多吃的、喝的来。吃完饭还让我把饮料、水果带回家。
    ★去方叔叔家时，我要带很多东西去。

第三部分

第 11-15 题：听短对话，选择正确答案

11. 男：我们买点儿香蕉吧，家里没有水果了。
    女：买西瓜吧，这些香蕉像是放了很久了。
    问：女的觉得香蕉怎么样？

12. 男：你的熊猫画得真好，像真的一样。我要多久才可以像你一样？
    女：这不是时间的问题，主要是要有兴趣。
    问：女的画熊猫画得怎么样？

13. 男：你女儿像谁？你还是她爸爸？
    女：小时候像我，现在越来越像她爸爸了。
    问：关于女儿，可以知道什么？

14. 男：这个字有几个读音？我记得只有一个。
    女：我记得有两个。你帮我把词典拿过来，我们一起看看。
    问：他们想知道什么？

15. 男：快来看啊，这个节目太有意思了。
    女：我在洗盘子呢，你把电视声音开大一点儿。
    问：女的想让男的做什么？

第四部分

第 16-20 题：听长对话，选择正确答案

16. 男：叔叔和阿姨第一次来我们家，是不是走错路了？已经三点零五了。
    女：你先把盘子洗一下，再从冰箱里把香蕉、苹果、饮料拿出来放好，然后我们下楼去等他们。
    男：这些我早就准备好了。这些水果少不少？要不要再买点儿？
    女：不少。快把衣服穿好，我们下去吧。
    问：他们现在要做什么？

17. 女：雨下得真大。你的车放哪儿了？我们快点儿跑过去。
    男：你就在这儿等，我先过去把车开过来，然后你再上车。
    女：那我把伞给你，你拿着伞走过去。
    男：刮这么大的风，伞没有用。
    问：男的现在要做什么？

18. 女：你在看什么呢？一直笑。
    男：这个节目里的小猫小狗特别有意思，你先过来看，一会儿再打扫房间。
    女：把电视声音关小点儿，儿子明天考试，正复习呢，别影响他。
    男：好，你快过来吧。
    问：男的现在要让女的做什么？

19. 女：这椅子有点儿矮，坐着不舒服。
    男：没关系，我们去那边看看，那儿也有。
    女：这层有桌子吗？今天把桌子、椅子都一起换了吧。
    男：好，我们先看椅子，再看桌子，然后去吃饭。
    问：他们在做什么？

20. 男：姐，你听，外边是谁的声音？是不是爸爸回来了？
    女：我听不见啊，你把音乐声音关小些。
    男：不是爸爸，是楼上的周叔叔在说话。那我听歌了啊。
    女：你别把声音开那么大，我想安静一会儿。
    问：女的为什么让男的把声音关小？

参考答案

一、听力
   1–5：C E F A B
   6–10：× × √ √ ×
   11–15：A B A C C
   16–20：C A C B C

二、阅读
   21–25：C D F B A
   26–30：B A F C D
   31–35：A A B A C

三、书写
   36. 请大家把书拿出来。
   37. 应该先写名字然后做题。
   38. 快把房间打扫干净。
   39. 老师先教读音再教汉字。
   40. 你可以把电视声音关小一点儿吗？
   41. 净　42. 冰　43. 澡　44. 风　45. 简
   46. 于、干
   47. 阿、啊
   48. 做、故
   49. 泳、冰
   50. 亮、高

四、复习
   1. 打扫干净、放好、冰箱、拿出来、打开
   2. 刮风、故事、先、然后、声音

第 15 课　其他都没什么问题

一、听力

第一部分

第 1-5 题：听对话，选择与对话内容一致的图片

1. 男 1：你现在打篮球的水平越来越高了。
   男 2：我觉得没什么提高，还跟以前一样。

2. 男：你要发电子邮件吗？我去把电脑打开。
   女：不用，我的手机能上网，用手机也能发。

3. 男 1：你们这儿除了鱼以外，还有什么好吃的吗？
   男 2：今天的羊肉也很新鲜，您要不要来一个？

4. 男：这个月你怎么花了这么多钱？
   女：我记得我只买了几件衣服，其他也没买什么啊。

5. 男：看什么呢？今天报纸上有什么新闻吗？
   女：我没看新闻，我看看今天天气怎么样。

第二部分

第 6-10 题：听句子，判断对错

6. 叔叔让我花时间认真地读一读这本书，他说书里的故事对他的影响很大。他希望我也能从书中学到一些东西。
   ★叔叔希望我花钱买本书。

7. 每天晚上的这个时间，电视上除了新闻以外，没什么其他节目，所以弟弟只好上网看自己喜欢的电视节目。
   ★弟弟每天晚上都上网看新闻。

8. 女儿在国外留学三年了，除了每天上课学习以外，课后还要去饭馆帮忙洗盘子。虽然每个月我们都给她不少钱，但是她说花自己的钱更舒服。
   ★女儿边留学边在饭馆工作。

9. 老方每天都坐在办公室中间的那把椅子上，边看报纸边喝茶，报纸上有什么有意思的新闻，他都读给我们听。
   ★老方每天都看报纸。

10. 这个短期班下周日就要结束了，以后我们不能像现在这样经常见面了，有什么事情可以给我

打电话或者发电子邮件。

★他们以后能经常见面。

第三部分

第 11-15 题：听短对话，选择正确答案

11. 男：你在这个地方生活了二十年，对这儿很了解了吧？
    女：对，这个地方除了夏天太热以外，其他都很好。环境不错，买东西也方便。
    问：女的觉得这个地方怎么样？

12. 女：除了这条裤子以外，还有什么要洗的吗？
    男：那条裤子是干净的，不用洗，你把那两件衬衫洗了吧。
    问：男的不让洗什么？

13. 男：除了安静以外，您对房子还有什么要求吗？有电梯的还是没电梯的？
    女：我只有这一个要求，你们有这样的房子吗？
    问：女的想要什么样的房子？

14. 男：你的字写得漂亮极了，你是怎么写的？能教教我吗？
    女：开始的时候除了认真学、慢慢写以外，还要努力练习，这样才能越写越快，越写越漂亮。
    问：女的写字写得怎么样？

15. 男：你今天穿得这么漂亮，要见什么重要的人吗？
    女：除了你以外，还有更重要的人吗？今天是中秋节，我们一起去看个电影吧。
    问：女的觉得谁是最重要的人？

第四部分

第 16-20 题：听长对话，选择正确答案

16. 女：大明，一年四季，你最喜欢哪个季节？
    男：我啊，除了夏天以外，我都喜欢。
    女：能告诉我为什么吗？
    男：我怕热啊，这儿的夏天热极了，你不觉得吗？
    问：关于男的，可以知道什么？

17. 女：我们新买的房子就在刚才过去的那条街上。
    男：是吗？我看环境很好。
    女：没错，那儿的街道除了很干净以外，也很安静，附近还有个花园。
    男：有树有草，好极了！真想快点儿搬过去。
    问：关于那个房子，可以知道什么？

18. 男：这条裙子不大不小，真不错。
    女：颜色也好看，我穿着它去参加朋友的生日晚会，一定漂亮极了。
    男：那你为什么不买？有什么不满意吗？
    女：除了太贵以外，没什么不满意的。
    问：女的觉得这件衣服怎么样？

19. 女：您好，我的手机从前天开始就不能上网了，您帮我看看吧。
    男：除了上不去网以外，还有什么其他问题吗？
    女：打电话的时候声音特别小，经常听不清楚。
    男：您别着急，我马上帮您看看。
    问：女的的手机有什么问题？

20. 男：您好，我在这儿只住了一个星期，怎么这么贵？
    女：对不起，我们宾馆除了水以外，房间里其他吃的、喝的都是要花钱的。
    男：上网和打电话也要自己花钱吗？
    女：对，上网每个小时5块，打电话一分钟也是5块。
    问：在这个宾馆里做什么不用花钱？

参考答案

一、听力
    1–5：C A E B F
    6–10：× × √ √ ×
    11–15：C A C B A
    16–20：B A B C A

二、阅读
    21–25：F D C A B
    26–30：B D A C F
    31–35：C B B C B

三、书写
    36. 除了笑笑以外，别人都来了。
    37. 这个地方的街道干净极了。
    38. 除了历史以外，我还喜欢文化。
    39. 电影院有什么好看的电影吗？
    40. 除了游泳我也愿意爬山。
    41. 提 42. 句 43. 发 44. 闻 45. 街
    46. 练、炼
    47. 球、求
    48. 风、网
    49. 日、目
    50. 也、世

四、复习
    1. 留学、水平、除了、外、其他
    2. 上网、新闻、还、花钱、极了

第16课　我现在累得下了班就想睡觉

一、听力

第一部分

第1-5题：听对话，选择与对话内容一致的图片

1. 女：你好，你有什么问题？哪儿不舒服？
   男：医生，我最近一直头疼，疼得晚上睡不着觉。有什么药吗？

2. 女：常医生，我的牙不疼了，应该没什么问题了吧？
   男：只听你说不行，我需要检查一下才清楚。

3. 女：你看！那边真漂亮！有山有水，有树有花，还有几个小房子，美得像画一样。
   男：那还等什么？快过去看看吧。

4. 男：你的两个女儿长得真像！这个头发长长的是姐姐吧？
   女：这是我二女儿，她喜欢长头发。大女儿不喜欢。

5. 男：你家小狗小小的，长得真可爱！
   女：还很聪明呢。它跟我女儿的关系特别好，每天都帮她把小皮鞋放好。

第二部分

第6-10题：听句子，判断对错

6. 常月是我上大学时的好朋友。那时候她很瘦，瘦得只有40公斤。听说她现在已经是三个孩子的妈妈了，不知道长胖一点儿没有。
   ★他不知道常月现在变胖了还是变瘦了。

7. 今天的会议就到这儿吧，大家对自己的工作都清楚了吗？如果有什么不明白的地方，就去秘书办公室问小丽。
   ★小丽没听明白自己的工作是什么。

8. 我女儿每天都说"从明天开始我每天跑五千米"，我和妻子很早就给她买好了运动服、运动鞋。直到今天，鞋和衣服还都是新的。
   ★女儿喜欢新衣服和新鞋。

9. 赛前，我跟儿子说："如果你拿了第一，你要什么我就给你买什么。"没想到儿子真的拿了第一，更没想到他的要求是让我在家休息一天。
   ★儿子没让我买东西给他。

10. 每个星期五，我们班中文老师都带着同学们复习。如果有人能把这个星期学的词语都写对，老师就送给他一件礼物。
    ★每个星期五老师都送给每个学生一件礼物。

第三部分

第 11-15 题：听短对话，选择正确答案

11. 男：最近你的眼睛一直红红的，我带你去医院检查一下吧。
    女：我去过了，医生说没什么事，不用吃药，让我多休息。
    问：关于女的，可以知道什么？

12. 男：我打算从明天开始，每天去运动场跑两千米。
    女：真的吗？如果你能这么做，太阳就能从西边出来。
    问：女的是什么意思？

13. 女：乐乐，快让奶奶看看，你长高了，也长胖了。这双小皮鞋真好看，谁给你买的？
    男：是妈妈，她说如果我这次考试还拿第一，就再给我买一双。
    问：女的是男的的什么人？

14. 男：我觉得中午吃的药没什么用，牙还是很疼，不能吃甜的。
    女：等一晚上，如果明天还不好，就带你去医院检查一下，看看医生怎么说。
    问：关于男的，可以知道什么？

15. 女：老高，你说我们给孩子起什么名字好？
    男：如果是男孩儿，就叫高山，如果是女孩儿，就叫高静，怎么样？
    问：男的打算给女儿起什么名字？

第四部分

第 16-20 题：听长对话，选择正确答案

16. 女：你今天回来得有点儿晚啊。
    男：今天不知道怎么了，特别累，回家的时候累得我在公共汽车上就睡着了。
    女：我有时候也在车上睡一会儿。
    男：但是我坐过站了，只好下了车再往回坐。
    问：男的为什么回来晚了？

17. 男：周新，好久不见！你还是那么年轻、漂亮。
    女：对不起，请问您是？
    男：我是常亮啊，你不认识我了？
    女：常亮？你现在怎么变得这么瘦？瘦得我都不认识你了。
    问：关于女的，可以知道什么？

18. 男：听说上个月小白生了个儿子？
    女：是啊，那孩子特别可爱，出生时特别胖，四公斤呢，他们高兴得一晚上没睡。
    男：孩子长得像谁？像小白还是像她丈夫？
    女：鼻子像爸爸，高高的，眼睛像妈妈，大大的，头发也像妈妈，黑黑的。
    问：关于小白的孩子，可以知道什么？

19. 女：我睡不着，怎么办啊？
    男：喝杯热牛奶，能帮助你快点儿睡，也能睡得好。
    女：热牛奶？我是热得睡不着，喝热的更睡不着了。
    男：如果觉得太热，就喝杯冰可乐吧，甜甜的，很舒服。
    问：女的喝什么比较好？

20. 男：这个城市真不错，干净、安静、漂亮。
    女：超市、洗衣店、饭馆、咖啡店，都有，很方便。
    男：人和人的关系也不错，遇到问题时，别人都愿意帮助你。
    女：如果这个地方有地铁，那就更好了。
    问：关于这个城市，可以知道什么？

参考答案

一、听力
   1–5：E B F C A
   6–10：√ × × √ ×
   11–15：A C C A C
   16–20：C C B B B

二、阅读
   21–25：C D B F A
   26–30：C D B F A
   31–35：B A C C A

三、书写
   36. 弟弟高兴得跳起来了。
   37. 小狗的眼睛大大的。
   38. 明天天气好我们就去公园玩儿。
   39. 我的腿疼得不能走路。
   40. 水果店的西瓜甜甜的。
   41. 城 42. 皮 43. 鼻 44. 检 45. 牙
   46. 米、来
   47. 如、姐
   48. 近、斤
   49. 查、香
   50. 冒、帽

四、复习
   1. 城市、如果、就、没时间、累得
   2. 白白的、公斤、头发、高兴得、皮鞋

第17课　谁都有办法看好你的"病"

一、听力

第一部分

第1-5题：听对话，选择与对话内容一致的图片

1. 女：你的早饭只有一杯咖啡和一小块蛋糕，吃不饱。要不要再来一个鸡蛋或者水果？
   男：没办法，为了瘦一点儿，我必须少吃。

2. 男：雪下得真大，谁都没想到今年冬天能下这么大的雪。
   女：是啊，你看孩子们玩儿得多高兴。

3. 男1：经理，下个星期我想请三天假，可以吗？
   男2：这个月你已经请了两个星期假了，不能再请了。

4. 男：你们好，我是你们的新邻居，昨天刚搬过来。这是我妻子。
   女：欢迎你们！这是我丈夫。我们在这儿住了五年了，对这儿很了解，以后有什么问题都可以来找我们。

5. 女：玩儿了这么长时间，我渴了，我先喝点儿水。你不渴吗？
   男：我不渴，你喝吧，我等会儿你。喝完了我们去前边玩儿。

第二部分

第6-10题：听句子，判断对错

6. 明天早上请大家8点以前到公司会议室，做好开会的准备。明天的会议非常重要，谁都不能迟到，也不能请假。
   ★明天早上有一个重要的会议。

7. 为了方便大家，楼下新开了一家药店，24小时不休息，什么时候去都能买到药，几点去都有人工作。
   ★那家药店晚上不能买药。

8. 我们在生活中遇到问题时，不能什么事情都请别人帮忙，因为有些事情必须要自己来做选择和决定。
   ★有问题时，我们应该自己想办法。

9. 学校这个学期要举行一次汉字比赛，比赛是根据要求写汉字，一共写100个，谁有兴趣都可以参加。
   ★汉字比赛时写什么都可以。

10. 大家好，这个学期我们班新来了 2 个同学，一共 21 个学生。现在，请新同学给大家介绍介绍自己，大家欢迎。

★ 有 3 个同学要介绍自己。

第三部分

第 11-15 题：听短对话，选择正确答案

11. 男：你不是去超市吗？怎么什么都没买？
    女：我在超市里拿了两瓶牛奶，三个面包，还拿了条鱼。后来发现没带钱包，只好都放回去了。
    问：女的买什么回来了？

12. 女：走了这么长时间，渴了吧？快坐下来休息休息，你想喝点儿什么？
    男：喝什么都行，先来杯冰水，然后再看看这儿有什么好喝的饮料。
    问：关于男的，可以知道什么？

13. 男：听说你和丈夫去旅游了？去了哪些地方？怎么样？
    女：我们打算坐飞机去国外，找个安静的城市，好好休息休息，后来儿子生病了，为了照顾他，哪儿都没去。
    问：女的去哪儿旅游了？

14. 女：冬冬，你怎么这么快就考完了？做完题应该检查检查，看看有没有写错的字。
    男：我已经检查过了，今天的考试题特别简单，所以很快就做完了。
    问：关于冬冬，可以知道什么？

15. 男：我昨天跑完步以后就一直腿疼，请您帮我检查检查，看看用不用吃点儿药。
    女：你太久没运动了，所以腿疼。以后多出去运动运动，不用吃药。
    问：他们可能是什么关系？

第四部分

第 16-20 题：听长对话，选择正确答案

16. 男：老师，我可以请几天假吗？
    女：小雨，你看看，这个学期你都请了几次假了？
    男：老师，对不起，上个月是我妈妈来北京，我带她在中国旅游，然后是我姐姐来，前几天是我病了，下个星期我女朋友要来看我。
    女：小雨，如果你再不来上课，就什么都听不懂了。
    问：关于男的，可以知道什么？

17. 女：你在听新闻？太阳从西边出来了？
    男：我对新闻没兴趣，主要是想提高提高我的汉语水平。
    女：你一个学期都没认真学习了，现在才开始努力？
    男：明天就要考试了，我要复习复习。
    问：男的为什么听新闻？

18. 女：我有点儿饿了，我们出去找个人少点儿的饭馆吃饭吧。
    男：这个时间，哪个饭馆人都多，我们在家吃吧，自己做。
    女：好，家里有鱼，有鸡蛋，还有牛肉。牛肉你想怎么吃？跟鸡蛋一起做还是跟别的菜一起做？
    男：怎么做都行，我什么都爱吃。需要我帮忙吗？
    问：关于男的，可以知道什么？

19. 女：你在国外留学这几年怎么样？那里的生活习惯了吗？
    男：那个地方的人很热情，学习环境也不错，学校里有两个图书馆。但是天气我还不太习惯。
    女：怎么？那儿的天气跟我们这儿不一样吗？
    男：冬天特别长，从11月到第二年3月都比较冷。下大雪的时候，哪儿都不能去，只能在房间里看书。
    问：关于男的，可以知道什么？

20. 男：你在椅子上坐了一个多小时了，一句话都不说，怎么了？
    女：我上了一天课，给学生讲中国历史，现在什么都不想说。
    男：那你先休息休息，一会儿我带你出去吃饭。
    女：我现在哪儿都不想去，就想在家睡觉。我们晚点儿再吃饭吧。
    问：关于女的，可以知道什么？

参考答案

一、听力
    1-5：E F A B C
    6-10：√ × √ × ×
    11-15：C A C C B
    16-20：A C C C B

二、阅读
    21-25：A D F B C
    26-30：C F B A D
    31-35：C A A C B

三、书写
    36. 妻子哪儿都没去过。
    37. 谁都知道他的名字。
    38. 我们怎么去那儿都可以。
    39. 现在妹妹什么都不想喝。

40. 你什么时候给我打电话都可以。
41. 假　42. 共　43. 法　44. 决　45. 冬
46. 据、居
47. 饱、跑
48. 心、必
49. 渴、喝
50. 洗、选
51. 公园、花园
52. 生病、有病
53. 问题、问你
54. 新闻、听闻

四、复习
1. 了解、邻居、爱好、什么、丈夫
2. 检查检查、谁都、饱、为了、多锻炼锻炼

第18课　我相信他们会同意的

一、听力

第一部分

第1-5题：听对话，选择与对话内容一致的图片

1. 男：孩子怎么了，变化这么大，我真没办法相信。
   女：我自己也没想到，他一个星期就瘦了五斤。

2. 女：你下星期去北京？你的那只狗怎么办？
   男：我有个同学很喜欢小动物，她同意帮我照顾几天。

3. 男：这是你儿子？他跟你长得真像啊。
   女：是，但是他的嘴更像他爸爸。

4. 男：这是黄老师的画儿吧，他的画都非常有名。
   女：对，我买这画儿花了三万块呢。

5. 女：你怎么总是带孩子到动物园看动物，能不能换个地方？
   男：这你就不知道了吧，动物园不但环境好，而且孩子对动物很感兴趣。

第二部分

第6-10题：听句子，判断对错

6. 聪明的人只要看到机会，就会想办法拿到，因为他们知道，很多时候机会只有一次。
   ★聪明人知道机会不常有。

7. 小云，你从动物园出来后，向左走，到了地铁站以后再向右走，然后就能看到体育馆了。
   ★小云要去体育馆。

8. 关于中国的节日，除了春节以外，别的我都不了解，但是我打算找一个中国老师教教我。
   ★关于中国的春节，他比较了解。

9. 那个宾馆离我们学校很近，不但环境很好，而且不太贵，每次有同学或者朋友来，我都会带他们去那儿住。
   ★他认为那个宾馆不错。

10. 我学习汉语一年多了，水平一般。我能听懂中国人说的一些简单的句子，也可以说一点儿。我相信明年我一定会说得更好的。
    ★他的汉语水平很高。

第三部分

第 11-15 题：听短对话，选择正确答案

11. 男：你明天上午要去哪儿，陪我去医院吧？
    女：我要带学生去动物园看大熊猫，后天行吗？
    问：女的最可能是做什么的？

12. 女：昨晚的《动物世界》你看了吗？
    男：没有，我最近忙着准备下周的比赛，很少看电视。
    问：男的最近为什么很少看电视？

13. 女：奇怪，我记得把手机放进包里了，怎么找不到了？
    男：别着急，我给你打个电话，就知道在哪儿了。
    问：男的为什么要给女的打电话？

14. 女：你不会骑自行车？
    男：是的，在我们那儿很少有机会骑。
    问：关于男的，可以知道什么？

15. 女：吃饭不能吃太饱，那对你的身体不好。
    男：关于这一点，我同意，可是吃太少，我晚上睡不着觉。
    问：关于男的，可以知道什么？

第四部分

第 16-20 题：听长对话，选择正确答案

16. 女：这是你小时候的照片？
    男：是，我小时候比较矮。
    女：你现在有一米九吗？
    男：一米九一，我都不相信自己能长这么高。
    问：男的小时候怎么样？

17. 男：你怎么买票买了这么久？
    女：节日里来动物园的人特别多。
    男：怎么那么多人啊？我们的票买到了吗？
    女：买到了，今天不但来了很多北京人，而且还有很多外地人。
    问：女的为什么买票花了很长时间？

18. 女：今天我们还去国家体育馆吗？
    男：只要你不累，我们就去。
    女：那你等我一会儿，我先洗个澡。
    男：行，我去洗车。
    问：女的现在要做什么？

19. 男：听说这家饭馆的羊肉非常有名，要不要来一盘？
    女：我不吃牛羊肉，有没有别的菜？
    男：我看看菜单，你看这个鱼怎么样？
    女：行，只要你喜欢，我们就点。
    问：那家饭馆的什么很有名？

20. 男：奇怪，这段时间怎么没看见小周来上班？她病了吗？
    女：你不知道吗？公司已经送她去外地学习了。
    男：是吗？她有这么好的机会啊。
    女：小周工作认真，经理当然让她去。
    问：小周为什么没来上班？

参考答案

一、听力
　　1-5：F C E B A
　　6-10：√ √ √ √ ×
　　11-15：B C A C B
　　16-20：B B B A A

二、阅读
　　21-25：F A D B C
　　26-30：F D B A C
　　31-35：C C B B A

三、书写
　　36. 我想买一本关于动物的书。
　　37. 我相信妈妈会同意的。
　　38. 只要有机会我就去别的国家旅游。
　　39. 大家都奇怪地看着我。
　　40. 一个外地人向我问路。
　　41. 向　42. 只　43. 国　44. 地　45. 动
　　46. 于、干
　　47. 几、机
　　48. 和、种
　　49. 自、且
　　50. 方、万

四、复习
　　1. 只、嘴、动物、段、只要
　　2. 有名、而且、同意、相信、机会

第19课　你没看出来吗

一、听力

第一部分

第1-5题：听对话，选择与对话内容一致的图片

1. 女：你看，树上那只鸟，红红的，嘴小小的，是什么鸟？
   男：不知道，我也是第一次见。

2. 男：别害怕，不要动，让我看一下你的耳朵。
   女：医生，怎么样？没事吧？我最近总是听不清别人说话。

3. 女：都几点了，儿子的房间里一点儿声音都没有，他还在睡觉吗？
   男：没有，他已经起床了，现在在洗脸呢。

4. 男：你会骑马？跟谁学的？
   女：我爷爷，他很喜欢骑马，而且骑得很好。

5. 男：你穿的这件红色运动服真好看。
   女：谢谢，我觉得穿上它，让我年轻了不少。

第二部分

第6-10题：听句子，判断对错

6. 上下班的时候，我都会经过这条街。街道两边的树，还有树上的小鸟，会使我觉得很快乐。
   ★他每天上下班都很快乐。

7. 最近，我家小雨一直哭，说耳朵疼。我带他去医院，但是医生说他的耳朵没问题，不用吃药，多喝些水就可以了。
   ★小雨哭是因为耳朵有问题了。

8. 这张照片让我想起了我的家，以前我家住在黄河边上，后来因为爸爸工作的关系搬到了这里。
   ★他以前住在黄河附近。

9. 我一直在找这本书，没想到今天下班路过一家书店时看见了它，我太高兴了。
   ★他终于找到那本书了。

10. 你看，这张照片是前年夏天照的，那时她比较瘦，还是短头发。
    ★现在她是长头发。

第三部分

第 11-15 题：听短对话，选择正确答案

11. 女：你哭了？
    男：没有啊，刚才风刮得太大，眼睛里进东西了。
    问：男的怎么了？

12. 男：小心点儿，别骑太快了。
    女：放心，我又不是第一次骑马。
    问：女的是什么意思？

13. 男：都这么晚了，你怎么还吃糖？
    女：不吃了，我现在就去刷牙洗脸。
    问：女的打算做什么？

14. 男：你终于来了，船马上就开了。
    女：我没想到坐公共汽车要花这么长时间，早知道就打车来了。
    问：女的是怎么来这儿的？

15. 男：过生日要吃面条，这是我第一次做面条，看看好吃不好吃。
    女：一定很好吃，谢谢你！
    问：男的为什么要做面条？

第四部分

第 16-20 题：听长对话，选择正确答案

16. 女：刚才你去后面的花园了？
    男：没有，我一直在家里玩儿电脑游戏。
    女：那是我看错了，那个人看上去真像你。
    男：花园里没有灯，看错了也不奇怪。
    问：关于女的，可以知道什么？

17. 男：小丽，你怎么了？
    女：刚才游泳时耳朵进水了，现在耳朵里一直不舒服。
    男：过来，我帮你看一下。现在好些了吗？下次小心点儿。
    女：好多了，让你担心了。
    问：女的怎么了？

18. 女：先生，您看这件衬衫怎么样？
    男：还不错，除了白色，还有其他颜色的吗？
    女：还有蓝色和黑色的，拿一件您试试？
    男：好，蓝色会让我的脸看上去更年轻些。
    问：男的想试哪种颜色的衬衫？

19. 男：你的脸色看上去不太好，哪儿不舒服啊？
    女：我感冒了，都快一个星期了。
    男：我去药店给你买点儿药吧，买西药还是中药？
    女：好，买点儿中药吧。
    问：关于女的，可以知道什么？

20. 男：回国的船票买好了吗？
    女：坐船虽然便宜，但是太慢了，要十四个小时。
    男：那我们还是坐飞机吧，你去买两张机票，下周末的。
    女：好的，我现在就去。
    问：女的要去做什么？

参考答案

一、听力
　　1-5：B A C E F
　　6-10：√ × √ √ √
　　11-15：B C A B B
　　16-20：B B B A B

二、阅读
　　21-25：C B F D A
　　26-30：B F A C D
　　31-35：A A C B B

三、书写
　　36. 船慢慢地停下来了。
　　37. 我想不起来这张照片是在哪儿照的了。
　　38. 你能看出来他们的脸有什么不一样吗？
　　39. 鸟的叫声能让她安静下来。
　　40. 这件衣服让你的脸看上去很白。
　　41. 马　42. 位　43. 过　44. 短　45. 经
　　46. 蓝、篮
　　47. 鸡、鸟
　　48. 哭、笑
　　49. 自、耳
　　50. 知、短

四、复习
　　1. 耳朵、脸、上去、起来、短
　　2. 出来、张、出来、位、蓝

第20课　我被他影响了

一、听力

第一部分

第1-5题：听对话，选择与对话内容一致的图片

1. 女：奶奶喜欢那个新买的照相机吗？
   男：喜欢，她说很好用，她很满意。

2. 男：我来洗碗筷，你去看电视吧。
   女：不用，你把桌子上的鱼放冰箱里就可以了。

3. 女：北方人是不是都像你一样这么喜欢吃面？
   男：不一定，东北人就更爱吃米饭。

4. 女：今天风太大了，伞都要被刮走了。
   男：真希望明天天气能好点儿。

5. 女：你怎么这么难过啊？怎么了？
   男：你昨天给我买的蛋糕被弟弟和妹妹吃了。

第二部分

第6-10题：听句子，判断对错

6. 春天来了，公园里的花儿都开了，多么漂亮啊，如果带上照相机就好了。
   ★他没带照相机。

7. 今天中午在商店买东西时，服务员说我这张信用卡不能用了。我打算下午去银行问问是怎么回事。
   ★那家店不能用信用卡。

8. 难过的时候我们应该做一些真正能使自己快乐的事，像听音乐、玩儿游戏或者去运动，这些都是不错的选择。
   ★不高兴时做什么都不好。

9. 爱可以是爸爸妈妈对孩子的照顾，可以是丈夫对妻子的关心，也可以是你对朋友的帮助。
   ★爱有很多种。

10. 你别难过了，我们一起帮你想办法。先把这个最难的问题解决了，其他问题就容易多了。
    ★问题已经被他们解决了。

第三部分

第 11-15 题：听短对话，选择正确答案

11. 男：妹妹，明天是你的生日，我给你买了本汉语字典。
    女：你怎么知道我在学汉语？我还一直觉得你不关心我的学习呢。
    问：关于女的，可以知道什么？

12. 男：放心，你就听我的吧，只有往东走才能到国家公园。
    女：但是从地图上看，走南边那条路才对。我们还是去车站问问那些等车的人吧。
    问：男的觉得到国家公园怎么走？

13. 男：快点儿，拿上帽子走吧，明天你再找书。
    女：我没找书，出去玩儿还是得带上地图啊，被你放哪儿了？
    问：女的在找什么？

14. 女：看见我的运动服了吗？怎么找不到了？
    男：是不是被笑笑穿走了？她刚才说要出去跑步。
    问：关于女的，可以知道什么？

15. 男：我的房卡找不到了，我怎么进去啊？
    女：你给服务员打个电话，他们会帮你想办法解决的。
    问：男的要做什么？

第四部分

第 16-20 题：听长对话，选择正确答案

16. 男：你这么着急，是要去哪儿啊？
    女：我去银行，我的信用卡该还钱了。你去哪儿？
    男：我去教室上课。
    女：这个照相机是小晴的，请你帮我还给她吧。
    问：男的要去做什么？

17. 男：小云，这个照相机是你要找的吗？
    女：是啊，太谢谢你了。刚才我觉得找不到了，还很难过。你在哪儿找到的？
    男：我是在教室找到的，一定是被你忘在教室里了。
    女：真奇怪，教室我也找过了，怎么没发现呢？
    问：女的为什么难过？

18. 女：我觉得这样做，客人是不会满意的。
    男：那你有更好的办法来解决这个问题吗？
    女：我觉得可以给客人换一个房间，他离开时，我们还可以找车送他去机场。
    男：行，那你去帮他换张房卡吧。
    问：根据这段话，可以知道什么？

19. 男：电梯来了，您小心点儿。您的脚怎么样了？
    女：谢谢你送我回来。脚好一些了，只要再休息几天，就能跟你们出去跳舞了。
    男：那太好了，只有您来了，我们才能跳得更快乐。
    女：跟你们一起玩儿我也更快乐，我多么希望早点儿好啊。
    问：关于女的，可以知道什么？

20. 男：小姐，这双黑色的皮鞋多少钱？有43号的吗？
    女：六百八，帮您找双43号的试试？
    男：这么贵，是真牛皮的吗？
    女：当然了，只有真的好牛皮做出来的鞋，穿着才舒服。
    问：他们最可能在哪儿？

参考答案

一、听力
1–5：F C B E A
6–10：√ × × √ ×
11–15：C A C A C
16–20：B A C B B

二、阅读
21–25：A F D C B
26–30：F D A B C
31–35：B B B C A

三、书写
36. 我决定冬天的时候去东北看看。
37. 碗筷都被妈妈洗干净了。
38. 只有对中文感兴趣你才能学好。
39. 我试着帮你解决电脑的问题。
40. 你看这双小皮鞋多么可爱啊。
41. 过 42. 关 43. 成 44. 才 45. 卡
46. 东、车
47. 决、快
48. 公、么
49. 难、准
50. 视、被

四、复习
1. 照相机、被、难过、东、信用卡
2. 关心、比赛、被、除了、成绩

HSK（三级）模拟试卷

（音乐，30秒，渐弱）

大家好！欢迎参加HSK（三级）考试。
大家好！欢迎参加HSK（三级）考试。
大家好！欢迎参加HSK（三级）考试。

HSK（三级）听力考试分四部分，共40题。
请大家注意，听力考试现在开始。

第一部分

一共10个题，每题听两次。

现在开始第1-5题：

1. 男：刚才那个拿着伞走进电梯的人是谁，你认识吗？
   女：他是我以前在银行工作时的同事。

2. 男：喂，你怎么还没到？现在都八点一刻了，还有一刻钟电影就开始了。
   女：我已经在路上了，车有点儿多。你先进去坐着等我吧。

3. 男1：这蛋糕又好吃又漂亮，你怎么不来一块？
   男2：我最近牙疼，都疼了四五天了，一口甜的也不能吃。

4. 女：你的眼睛黑黑的，怎么跟大熊猫一样？
   男：要考试了，我还没准备好，我已经在书桌前坐了一天了，一个字也没看进去。

5. 男：医生，我的狗吃了三天药，您再为它检查一下，看看是不是已经好了？
   女：没什么大问题了，也不用吃药了。记得别用冷水给它洗澡。

现在开始第6-10题：

6. 男：你帮我上网买双皮鞋吧。
   女：我看看，我觉得这双不错。

7. 男：节日快乐，这是我送给你的礼物。
   女：谢谢你，我现在高兴极了！

8. 女：我记得你请了三天假，怎么今天就来了？
   男：今天的会议很重要，我必须来。

9. 男：你怎么今天就出来跑步了？感冒好了吗？
   女：吃了药，休息了两天，现在已经好了。

10. 女：我忘带钱包了，你带钱了吗？借我点儿吧。
    男：你需要多少钱？我这儿有50。

第二部分

一共10个题，每题听两次。

现在开始第11题：

11. 以前我总觉得有了钱，什么都能买到。但是现在我觉得健康比什么都重要。
    ★ 现在他还不知道什么是最重要的。

12. 我们医院的小常是个又聪明又努力的医生，而且对谁都很热情。谁见了他都喜欢。
    ★ 大家都喜欢常医生。

13. 虽然我家有辆车，想什么时候开就什么时候开，但是上下班时间，坐地铁比开车快多了。
    ★ 上下班时间他不愿意坐地铁。

14. 我家书桌上放着一本旧书，哥哥说这本书对他的影响很大，我也打算有时间的时候认真读读。
    ★ 哥哥让我认真读书。

15. 昨晚跟几个大学同学聊天，十年不见，大家的变化都很大，跟年轻的时候一点儿也不一样了。
    ★ 他和这些同学已经很长时间没见面了。

16. 住在一层真好，不像我们，只要电梯坏了，就得爬上去。
    ★ 我们住在一层。

17. 小黄，没关系，如果今天你没时间，就明天再来。明天不行的话，后天来也不晚。
    ★ 小黄这几天哪天来都行。

18. 这个周末小丽想去旅行，她问我去哪儿好，我说这几天南方天气不好，让她去北方看看。
    ★ 我让小丽去北方旅行。

19. 今天上课的时候，我问了老师一个问题，他说想一想，明天再回答我。
    ★ 老师让我想一想，明天回答问题。

20. 小刚明天让我们去他家做客，他给我画了一张地图，你看，先坐地铁，然后坐公共汽车。车站附近有一个超市，我们买点儿水果带过去吧。
    ★ 去小刚家要先坐公共汽车，然后坐地铁。

第三部分

共10个题，每题听两次。

现在开始第21题：

21. 男：小方，你看见大明了吗？我怎么找不到他了？
    女：刚才他接了个电话就跑下楼去了，好像有急事。
    问：关于大明，可以知道什么？

22. 男：雪越下越大，已经下了一天了，哪儿都不能去，多没意思啊！
    女：我跟你不一样，我希望再多下点儿，我最喜欢雪了。
    问：关于男的，可以知道什么？

23. 女：我要一杯黑咖啡，再来一块香蕉蛋糕。小刚，你要来点儿什么？
    男：你喝什么我就喝什么，你吃什么我就吃什么。
    问：男的打算喝什么？

24. 女1：小丽，几月不见，你比以前瘦多了！脸色看上去也比以前好得多。
    女2：那是因为我最近一直锻炼，跑步或者游泳。
    问：最近小丽怎么样？

25. 男：你今天笑了一天，有什么事让你这么高兴？
    女：我们的儿子在汉字比赛中拿了第一，我能不高兴吗？
    问：关于女的，可以知道什么？

26. 男：你上网看看，经理给我们发电子邮件了吗？
    女：刚才我就看见了，放心吧，我已经给他回邮件了。
    问：男的让女的做什么？

27. 女：刚才经理又生气了，问我为什么最近总迟到。
    男：没关系，现在经理都不愿意问我为什么迟到了。
    问：男的是什么意思？

28. 女：昨晚九点左右我给你打电话，你不在家。
    男：那个时候我一般在洗澡，听不见电话。
    问：男的昨晚为什么没接电话？

29. 男：你怎么才给司机打电话，飞机就要起飞了。
    女：对不起，刚才开会，忘记了，现在才想起来。
    问：女的忘了什么？

30. 男：别哭了，这次考试成绩不好，以后再努力吧。
    女：我担心以后不能在这儿学习了。
    问：女的为什么哭？

第四部分

一共10个题，每题听两次。

现在开始第31题：

31. 男：喂，请问您是方丽丽吗？
    女：我是，您是哪位？
    男：您要的生日蛋糕已经送到您公司楼下了。
    女：好的，我马上就下楼去拿。
    问：女的现在要做什么？

32. 女：小刚，小刚！你怎么坐着睡着了？
    男：我有点儿累，打算休息一会儿，没想到睡着了。
    女：我也跟你一样，这几天总是觉得很累。
    男：这个月的工作比以前忙多了，每天工作八九个小时，能不累吗？
    问：关于女的，可以知道什么？

33. 男1：东西都在楼下了，我们怎么搬？
    男2：先搬大的，再搬小的，最后把衣服、鞋和书拿上来。
    男1：那我们先把床和桌子搬上来，然后再搬冰箱和椅子。
    男2：床你一个人搬不起来，我跟你一起吧。小心点儿。
    问：他们打算先搬什么？

34. 女：这么多新电影，我们看什么？
    男：你想看什么我们就看什么。
    女：买几点的票呢？七点的还是八点半的？
    男：你说看几点的我们就看几点的。
    问：男的想看几点的电影？

35. 女1：那个又高又瘦的女孩儿是谁？
    女2：哪个？是穿着绿裙子的吗？
    女1：不是，是那个穿着白裤子，站着唱歌的。
    女2：那是小方，我们公司新来的同事。
    问：关于小方，可以知道什么？

36. 女：你看看，又八点多了，你怎么每天都迟到。
    男：我也不想迟到，但是没办法啊。
    女：你每天七点半才起床，还要洗澡、吃饭，能不迟到吗？
    男：那我以后到了公司再吃饭。
    问：女的认为男的应该怎么办？

37. 男：你昨天去医院检查了吗？
    女：我就去买了点儿感冒药，现在已经觉得好多了。
    男：你要多注意身体，如果不舒服，就要马上去医院。
    女：放心吧，我会多注意的。
    问：关于女的，可以知道什么？

38. 女：儿子，以后出门，你要叫我姐姐。
    男：你为什么让我叫你姐姐？
    女：这样别人会觉得我看上去很年轻。
    男：那我叫你奶奶吧，你看上去更年轻。
    问：女的是男的的什么人？

39. 女：你昨天下午怎么没参加篮球比赛啊？
    男：对不起，同屋的照相机找不到了，我跟他找了一个下午。
    女：你们找到了吗？
    男：没找到，不知道被谁拿走了。

问：昨天下午男的做什么了？

40.男：明天过节，你和你男朋友来我家吃饭吧，我太太做饭。
女：好啊，听说你太太做的菜特别好吃。
男：是的，结婚以前她没做过菜，结婚以后才对做菜有兴趣。
女：那我男朋友想吃到我做的菜还要再等等。
问：关于女的，可以知道什么？

听力考试现在结束。

参考答案

一、听力
    1–5：C A E F B
    6–10：D E C B A
    11–15：× √ × × √
    16–20：× √ √ × ×
    21–25：A B C C B
    26–30：B B C C A
    31–35：B C A C B
    36–40：A C A B B

二、阅读
    41–45：F D B C A
    46–50：C A D B E

    51–55：F A B C D
    56–60：E B A F C
    61–65：C A B C C
    66–70：A C B B C

三、书写
71. 妹妹对画画儿很感兴趣。
72. 我现在一点儿也不饿。
73. 桌子上放着一瓶饮料。
74. 哪儿安静我就去哪儿学习。
75. 请把牛奶放进冰箱去。
76. 担　77. 提　78. 终　79. 借　80. 夏